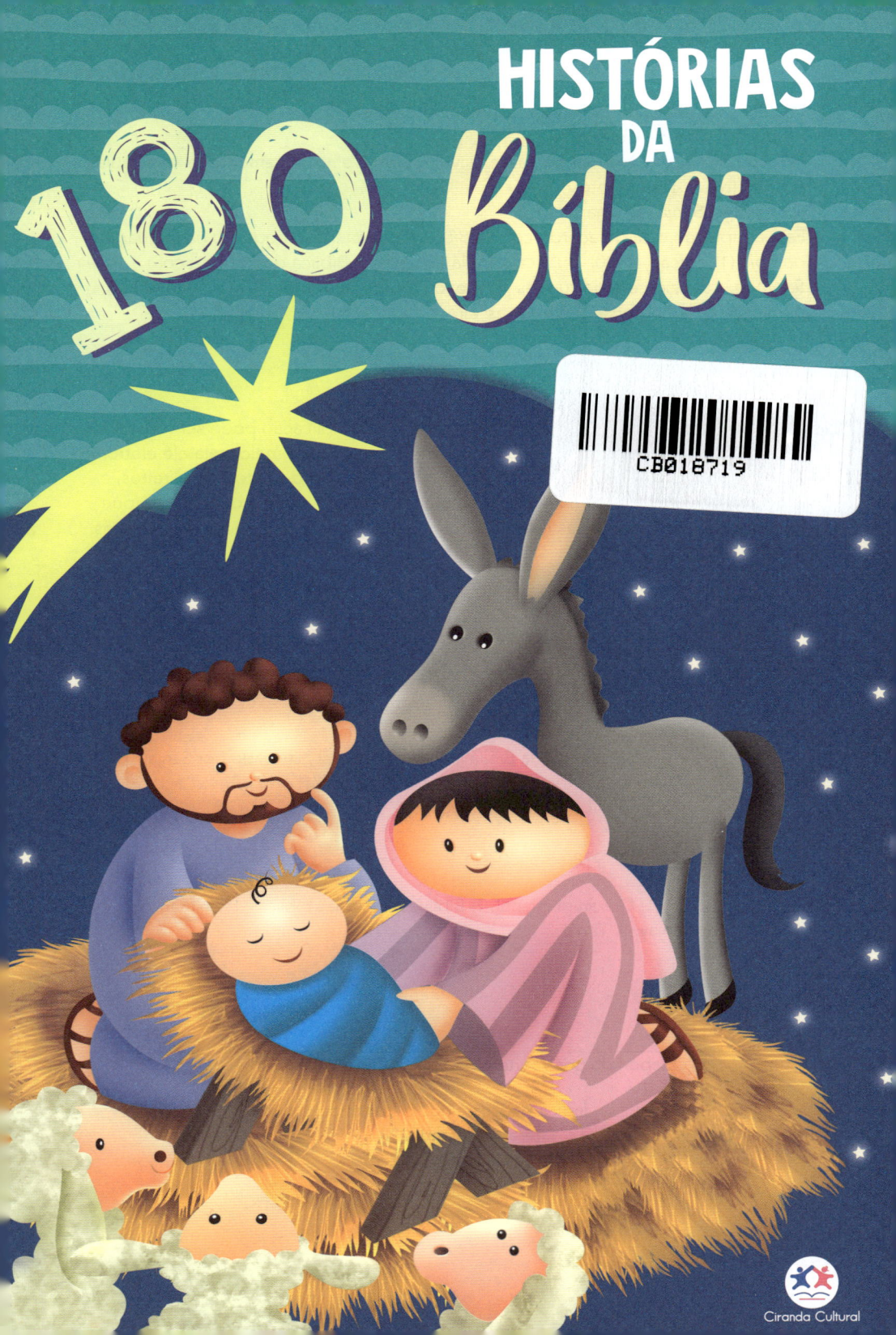

HISTÓRIAS DA 180 Bíblia

CB018719

Ciranda Cultural

© 2021 Ciranda Cultural Editora e Distribuidora Ltda.

Produção: Ciranda Cultural

Adaptação textual: Manoel de Jesus Oliveira Silva (Velho Testamento) e Ana Paula Aragão (Novo Testamento)

Ilustrações: Sanjay Dhiman

Esta adaptação está de acordo com A Bíblia Sagrada: nova tradução na linguagem de hoje (1ª edição, 2000), publicada pela Sociedade Bíblica do Brasil; e com a Bíblia Sagrada, traduzida em português por João Ferreira de Almeida (7ª edição, 2006), publicada pela Imprensa Bíblica Brasileira.

1ª Edição em 2021

10ª Impressão em 2025

www.cirandacultural.com.br

Dados Internacionais de Catalogação na Publicação (CIP) de acordo com ISBD

C578c	Ciranda Cultural
	180 histórias da Bíblia / Ciranda Cultural ; ilustrado por Sanjay Dhiman. - Jandira, SP : Ciranda Cultural, 2021.
	96 p. : il. ; 15,5cm x 22,6cm.
	ISBN: 978-65-5500-211-9
	1. Literatura infantil. 2. Bíblia. 3. Histórias bíblicas. I. Dhiman, Sanjay. II. Título.
2020-1141	CDD 028.5
	CDU 82-93

Elaborado por Vagner Rodolfo da Silva - CRB-8/9410

Índice para catálogo sistemático:
1. Literatura infantil 028.5
2. Literatura infantil 82-93

Sumário

01 A CRIAÇÃO – 1º AO 3º DIA
GÊNESIS 1, 1-13

Antes da criação do mundo, não existia nada. Deus fez o mundo assim: no primeiro dia, fez o dia e a noite; no segundo, fez o céu azul; no terceiro dia, Deus fez o mar e a terra seca, e na terra colocou plantas e árvores frutíferas.

02 A CRIAÇÃO – 4º AO 6º DIA
GÊNESIS 1, 14-26; 2, 1-3

No quarto dia, Deus fez o Sol, a Lua e as estrelas: o Sol para brilhar de dia, a Lua e as estrelas para iluminarem a noite.

No quinto dia, Ele fez os pássaros que voam no céu e os peixes que nadam no mar.

No sexto dia, Deus fez todos os animais que vivem na terra: os da floresta e os de estimação.

Deus ficou muito feliz com tudo o que fez.

03 A CRIAÇÃO DO HOMEM E DA MULHER
GÊNESIS 2, 4-25

Deus criou também alguém muito especial: o homem, que foi feito do pó da terra. Deus soprou no nariz do homem e ele ganhou vida.

O Senhor também fez um lindo jardim, chamado Éden, e o homem, Adão, morou lá.

Ao ver que tudo o que havia feito era bom, Deus descansou no sétimo dia. Porém, ainda no sexto dia, como Deus não queria ver o homem sozinho, Ele teve uma ideia: fez o homem dormir, tirou uma de suas costelas e criou a mulher, Eva, para ser sua companheira.

04 A QUEDA DO HOMEM
GÊNESIS 3, 1-24

Adão e Eva viviam felizes no Jardim do Éden, e podiam comer todos os frutos das árvores. Um dia, Deus disse a eles:

– Vocês só não podem comer o fruto daquela árvore, lá do meio do jardim.

De repente, surgiu uma serpente, que disse para Eva:

– Olhe que fruto gostoso! Por que você vai obedecer a Deus?

Eva pegou o fruto, mordeu-o e deu para Adão, que também o comeu.

Assim, por causa de sua desobediência, Adão e Eva não puderam mais morar no Jardim do Éden.

05 CAIM E ABEL
GÊNESIS 4, 1-16

Caim e Abel eram filhos de Adão e Eva. Caim, o mais velho, era agricultor, e Abel, o mais novo, pastor de ovelhas. Certo dia, Caim colheu alguns frutos e ofereceu a Deus. Abel pegou o primeiro carneirinho nascido no seu rebanho e também o ofertou. Abel confiava em Deus, por isso Ele ficou feliz com a oferta. Mas Caim tinha maldade em seu coração e teve inveja do irmão. Então, ele chamou Abel para irem até o campo e o matou.

Depois disso, Caim foi embora de sua terra e não pôde mais plantar.

06 DEUS ANUNCIA O DILÚVIO
GÊNESIS 6, 1-22

O tempo foi passando, e a população na Terra começou a aumentar.

Deus viu que muitas pessoas eram desobedientes e faziam coisas ruins.

Mas havia um homem que amava a Deus e era obediente. Ele se chamava Noé e tinha três filhos: Sem, Cam e Jafé. Um dia, Deus disse a Noé:

— Construa uma grande arca porque vou mandar um dilúvio para inundar toda a Terra.

Então, Noé começou a construção.

07 NOÉ E SUA ARCA
GÊNESIS 7, 1-24

Noé construiu a grande arca, e Deus falou a ele:

– Noé, você, sua mulher, seus filhos e as mulheres de seus filhos devem entrar na arca. Leve também para dentro dela um macho e uma fêmea de cada animal. Leve comida para você, sua família e os animais.

Quando a arca estava pronta, todos entraram, e Deus fechou a porta. Choveu durante 40 dias e 40 noites.

08 DEPOIS DE 40 DIAS DE CHUVA
GÊNESIS 8, 1-12

Depois de 40 dias, parou de chover, e pouco a pouco a água foi baixando.

A arca parou em cima das montanhas de Ararate. Então, Noé soltou uma pomba, e ela voltou, porque a terra ainda estava inundada. Ele esperou sete dias e soltou a pomba de novo, que voltou com uma folha de oliveira no bico. Assim, Noé soube que a água havia baixado. Pela última vez, Noé soltou a pomba, e ela não voltou.

09 NOÉ AGRADECE A DEUS
GÊNESIS 8, 13-22; 9, 1-17

As águas que cobriram a Terra secaram, e Deus disse a Noé:

– Saia da arca com sua mulher, seus filhos e as mulheres de seus filhos. Tire também todos os animais.

Noé ficou muito agradecido a Deus por ele e sua família terem sido salvos e fez uma oferta sobre o altar que tinha construído. Deus abençoou a família de Noé e prometeu que nunca mais destruiria a Terra com um dilúvio. Como sinal dessa promessa, Ele colocou o arco-íris no céu. Assim, sempre que chover e o arco-íris surgir, as pessoas vão lembrar-se da promessa de Deus.

10 DEUS FAZ PROMESSAS A ABRÃO
GÊNESIS 12, 1-9

Certo dia, Deus disse a Abrão:

– Saia da sua terra com a sua família e lhe mostrarei onde você vai morar.

Então, Abrão foi embora de onde vivia, levando consigo a sua mulher, Sarai, o seu sobrinho, Ló, tudo o que tinha e também os empregados.

Abrão amava a Deus e, por causa dele, todas as famílias da Terra foram abençoadas.

11 DEUS MUDA O NOME DE ABRÃO E SARAI
GÊNESIS 17, 1-16

Abrão tinha 99 anos de idade quando Deus falou com ele:

– Vou fazer com você a minha aliança: você será pai de muitas nações e o seu nome já não será Abrão, mas Abraão. Eu serei para sempre o seu Deus e de seus descendentes.

E Deus disse mais a Abraão:

– Não chame mais a sua mulher de Sarai, e, sim, de Sara, porque darei um filho a vocês, e Sara será a mãe de muitas nações.

12 O NASCIMENTO DE ISAQUE
GÊNESIS 21, 1-7

Sara, mesmo sendo uma mulher idosa, ficou grávida e teve um menino. Assim, Deus cumpriu o que havia prometido ao casal, provando que, para Ele, nada é impossível. Abraão tinha 100 anos quando seu filho nasceu, e colocou nele o nome de Isaque.

Então, Sara disse:

– Deus deu-me motivo de alegria, e todos os que ouvirem esta história vão se alegrar comigo!

13 DEUS TESTA ABRAÃO

GÊNESIS 22, 1-19

Os anos passaram, e Isaque cresceu. Algum tempo depois, Deus disse a Abraão:

– Leve Isaque a um monte que lhe mostrarei, na terra de Moriá, e o ofereça em sacrifício. No alto do monte, quando tudo já estava pronto para o sacrifício, Abraão ouviu uma voz que dizia:

– Abraão, Abraão! Não machuque Isaque. Agora sei que você teme

a Deus, pois ia sacrificar o seu único filho. Abraão olhou em volta e viu um carneiro no meio de uma moita. Então, ofereceu-o como sacrifício no lugar de Isaque.

Porque Abraão amava a Deus, o Anjo do Senhor lhe disse que seus descendentes seriam tão numerosos quanto as estrelas do céu e os grãos de areia do mar.

14 ESAÚ E JACÓ

GÊNESIS 25, 19-26

Isaque tinha 40 anos quando se casou com Rebeca.

Rebeca não podia ter filhos, mas Isaque orou a Deus e pediu por sua esposa.

Seu pedido foi atendido. Ela ficou grávida e teve gêmeos.

O menino que nasceu primeiro era ruivo e peludo, por isso deram-lhe o nome de Esaú. O segundo nasceu segurando o calcanhar de Esaú e recebeu o nome de Jacó.

15 ESAÚ VENDE OS SEUS DIREITOS DE FILHO MAIS VELHO
GÊNESIS 25, 27-34

O tempo passou, e os meninos cresceram. Esaú tornou-se um bom caçador e gostava de viver no campo, e Jacó era mais sossegado e gostava de ficar em casa. Isaque amava muito Esaú, e o preferido de Rebeca era Jacó. Certo dia, quando Jacó havia feito um ensopado, Esaú chegou do campo muito cansado e pediu-lhe um pouco, pois estava faminto. Jacó respondeu:

– Eu lhe dou, mas só se você me der os seus direitos de filho mais velho.

– Tudo bem. Estou quase morrendo de fome.

Depois disso, Jacó deu ensopado e pão para Esaú. Quando acabou de comer e beber, Esaú levantou-se e foi embora.

16 ISAQUE DÁ A BÊNÇÃO A JACÓ
GÊNESIS 27, 1-29

Certo dia, Isaque chamou Esaú e disse-lhe que não sabia até quando iria viver. Então, pediu para seu filho fazer uma comida para ele, pois iria abençoá-lo. Rebeca ouviu a conversa e disse a Jacó para lhe trazer dois cabritos. Ela preparou o animal do jeito que Isaque gostava e pediu para Jacó levar a comida para o seu pai e, assim, seria abençoado no lugar de Esaú.

Rebeca pegou a melhor roupa de Esaú e deu a Jacó, que levou a comida ao pai. Isaque estava cego por causa da idade, então, quando tocou em Jacó e sentiu o cheiro da roupa de Esaú, abençoou-o.

17 JACÓ FOGE DE CASA
GÊNESIS 27, 41-46; 28, 1-19

Esaú ficou muito bravo com Jacó por ele ter sido abençoado no seu lugar, e desejou fazer-lhe mal assim que seu pai morresse. Rebeca soube o que Esaú estava pensando e disse para Jacó ir morar na casa de seu tio Labão. Durante a viagem, Jacó utilizou uma pedra como travesseiro e adormeceu. Ele sonhou com uma escada que ia da terra até o céu, por onde os anjos de Deus subiam e desciam. Deus, que estava em cima dela, disse-lhe:

– Eu sou o Deus de Abraão e de Isaque. Esta terra é sagrada e Eu a darei a você e aos seus filhos.

Jacó acordou e mudou o nome daquele lugar, que era Luz, para Betel.

18 JACÓ TRABALHA PARA LABÃO
GÊNESIS 29; 30, 15-29

Depois que fugiu de casa, Jacó ficou na casa de seu tio Labão, que tinha duas filhas, Lia, a mais velha, e Raquel. Após algum tempo, Jacó se propôs a trabalhar durante sete anos para se casar com Raquel, a quem amava.

Passado esse período, Labão entregou Lia para Jacó, e eles se casaram. Jacó questionou a troca das noivas, e Labão respondeu que era costume casar a filha mais velha primeiro. Entretanto, se Jacó trabalhasse mais sete anos, ele poderia se casar com Raquel. Jacó aceitou, e, sete dias após acabarem as comemorações do casamento com a mais velha, casou-se com Raquel e trabalhou mais sete anos para Labão.

19 O ENCONTRO DE ESAÚ E JACÓ
GÊNESIS 30, 43; 31, 17-18; 32, 3-21; 33, 1-4

Jacó ficou rico trabalhando com seu tio, então Deus o mandou voltar para a casa de seus pais. Jacó enviou empregados para avisar Esaú que estava voltando. No caminho, Jacó atravessou sua família pelo Rio Jaboque e acabou ficando sozinho. Ali, encontrou um anjo, com quem lutou até o amanhecer. Porque Jacó lutou com Deus e venceu, o anjo lhe disse que ele passaria a se chamar Israel.

Quando os dois irmãos se encontraram, choraram de alegria.

20 O SONHO DE JOSÉ
GÊNESIS 37, 1-11

Depois do encontro com Esaú, Israel foi morar em Canaã. De todos os filhos de Israel, José era seu preferido, e os irmãos tinham muito ciúme dele. Certa vez, Israel mandou fazer para José uma túnica colorida muito bonita.

Um dia, José sonhou que o Sol, a Lua e 11 estrelas curvavam-se diante dele. Israel o repreendeu, mas ficou pensando nesse sonho e os irmãos de José ficaram com mais ciúme dele.

21 JOSÉ É VENDIDO PELOS IRMÃOS

GÊNESIS 37, 12-35

Um dia, José foi enviado ao campo para ver se os seus irmãos e o rebanho estavam bem. Quando estava chegando, os irmãos planejaram lhe fazer mal. Mas Rúben, o irmão mais velho, disse:

– Não! Vamos colocá-lo neste poço seco.

Rúben disse isso porque queria salvar José dos irmãos. Então, eles o pegaram, tiraram a sua túnica e o jogaram no poço. Em seguida, os irmãos, menos Rúben, venderam José como escravo. Depois, mentiram ao seu pai levando-lhe a túnica de José molhada com sangue de cabrito. Achando que ele tivesse sido morto por um animal selvagem, Israel chorou por muitos dias.

22 JOSÉ NA CASA DE POTIFAR

GÊNESIS 39

José foi levado para o Egito e vendido a Potifar, oficial do faraó. Potifar viu que Deus estava com José e colocou-o como administrador da casa.

A esposa de Potifar se interessou por José, mas ele não lhe dava atenção. Um dia, ela tentou conquistá-lo, e ele foi embora. Quando Potifar chegou, a mulher disse-lhe:

– O seu servo José traiu a sua confiança! Ele queria fazer-me mal! Eu gritei e ele fugiu.

Potifar ficou muito bravo e mandou José para a prisão. Mas Deus tinha planos para José. O chefe da prisão gostava dele, e colocou-o como administrador de todas as coisas que eram feitas ali.

23 JOSÉ E O SONHO DO COPEIRO
GÊNESIS 40, 1-15

O chefe dos copeiros e o chefe dos padeiros do faraó foram mandados para a mesma prisão em que José estava. Então, certa noite, os dois homens tiveram diferentes sonhos e, ao acordarem, pensavam o que poderiam significar. José disse que os ajudaria. Então, o copeiro disse:

– Na minha frente, havia um pé de uva com três galhos. Eu apanhei as uvas, espremi no copo do faraó e entreguei-lhe.

José disse que os três galhos do pé de uva eram três dias, tempo que faltava para o copeiro voltar a servir o faraó, pois seria perdoado.

24 OS SONHOS DO FARAÓ
GÊNESIS 41, 1-24

Certa vez, o faraó teve um sonho e ficou pensando nele. Então, chamou todos os sábios da região e contou-lhes o que sonhara, mas ninguém conseguiu dizer o que significava.

O chefe dos copeiros contou ao faraó que José havia interpretado seu sonho na prisão. O faraó quis receber o jovem.

Quando José chegou, o faraó contou-lhe o sonho: ele estava em pé, próximo ao Rio Nilo, e viu sete vacas gordas e bonitas saírem do rio. Logo após, saíram outras sete vacas, magras e fracas. As vacas magras comiam as gordas e, mesmo assim, continuavam magras e feias. Depois, ele teve outro sonho e viu sete espigas cheias e boas. Logo após, cresciam sete espigas feias e secas. As espigas secas comiam as boas e continuavam como antes.

 ## **25** JOSÉ INTERPRETA OS SONHOS DO FARAÓ
GÊNESIS 41, 25-36

Ao ouvir o sonho do rei, José disse-lhe:

– Deus está mostrando ao senhor o que fazer. As sete vacas gordas e as sete espigas boas são sete anos. As sete vacas magras e as sete espigas secas também. Teremos sete anos com muito alimento, depois, virão sete anos de seca, e haverá fome em toda a terra do Egito.

José falou ao faraó que era importante armazenar comida durante os anos de fartura, pois, quando chegasse a seca, o povo teria o que comer. Assim, com a interpretação do sonho do faraó, José ajudou o Egito inteiro.

 ## **26** JOSÉ TORNA-SE GOVERNADOR DO EGITO
GÊNESIS 41, 37-57

O faraó reconheceu que Deus havia dado toda aquela sabedoria a José, então o escolheu para ser o governador do Egito.

O faraó colocou o seu próprio anel no dedo de José, ordenou que o vestissem com roupas caras e colocou um colar de ouro em seu pescoço. José guardou a comida que havia na terra do Egito durante os sete anos. Ele juntou tanta comida, que ninguém conseguia contá--la. Quando os dias de fome e seca chegaram, as pessoas iam ao Egito para comprar comida das mãos de José.

27 JOSÉ REENCONTRA SEUS IRMÃOS

GÊNESIS 42, 1-24

Israel enviou seus filhos ao Egito para comprar comida. Ao chegarem lá, José reconheceu-os, mas seus irmãos não. Então, José disse-lhes:

– Vocês são pessoas más, e só estão no Egito para ver as nossas fraquezas.

E seus irmãos responderam:

– Não, grande governador, somos pessoas honestas, e nosso irmão mais novo está em casa com nosso pai.

– Se isso é verdade, tragam-me seu irmão mais novo. Mas um de vocês ficará preso aqui até o mais novo chegar.

Assim, Simeão ficou preso no Egito.

28 OS IRMÃOS DE JOSÉ VOLTAM AO EGITO

GÊNESIS 42, 25-38; 43; 44; 45

Antes de seus irmãos partirem, José mandou encher de mantimentos os sacos que eles trouxeram e colocar dentro o dinheiro que haviam gastado com a compra. Na volta para Canaã, os irmãos de José descobriram que o dinheiro que gastaram estava dentro dos sacos e ficaram com medo.

Quando a comida acabou, eles voltaram ao Egito, levando o irmão mais novo, Benjamim. No Egito, apresentaram-no a José, e Simeão foi libertado. Para que eles não saíssem do Egito com facilidade, José pediu para o administrador colocar o dinheiro deles no saco de comida, e o seu copo de prata no saco de comida de Benjamim.

Mais tarde, José mandou o administrador dizer-lhes que um objeto do governador tinha sumido. Quando acharam o copo com Benjamim, eles voltaram ao Egito. Os irmãos ajoelharam-se diante de José pedindo perdão e piedade. José revelou ser aquele que eles venderam, beijou os irmãos e chorou sobre eles.

29 ISRAEL VAI PARA O EGITO

GÊNESIS 46, 1-7

Os irmãos de José voltaram a Canaã e contaram ao pai tudo o que havia acontecido no Egito. Então, Israel e todos os filhos, a convite de José, foram morar no Egito. E Deus falou a Israel:

– Eu sou o Deus de seus pais. Não tema, porque no Egito Eu farei de seus descendentes uma grande nação.

30 OS ISRAELITAS SOFREM NO EGITO

ÊXODO 1

Os israelitas tiveram muitos filhos e espalharam-se em grande número por todo o Egito. Depois da morte de José e de todos os seus irmãos, o Egito teve um novo rei. Temendo que os israelitas se voltassem contra sua nação, por serem mais fortes e mais numerosos, os egípcios os escravizaram. Mas o povo de Israel, abençoado por Deus, era cada vez maior. Então, o faraó chamou as parteiras das israelitas e disse-lhes que, quando fossem fazer os partos, não deixassem os meninos viverem, apenas as meninas.

Como as parteiras amavam a Deus, não obedeceram ao rei do Egito. O faraó ficou furioso e disse para jogarem no Rio Nilo todos os bebês israelitas nascidos meninos.

31 O NASCIMENTO DE MOISÉS
ÊXODO 2, 1-10

Um casal da família de Levi, descendente de Israel, teve um menino. A sua mãe conseguiu escondê-lo por três meses, mas depois foi obrigada a colocá-lo em um cesto e deixá-lo na beira do rio. A irmã do menino ficou acompanhando de longe.

Enquanto a filha do faraó estava se banhando no rio, viu o cesto no meio de uma moita e pediu que alguém o buscasse. Ao ver o menino, a princesa disse que ele era israelita.

A irmã do menino aproximou-se e sugeriu à princesa que uma israelita o amamentasse, e a filha do faraó aceitou.

A menina trouxe a própria mãe, que o criou. Quando o menino cresceu, foi adotado pela filha do faraó. Ela deu-lhe o nome de Moisés, porque das águas o tirou.

32 MOISÉS FOGE DO EGITO
ÊXODO 2, 11-25

Os anos se passaram. Certo dia, Moisés observou o quanto os israelitas faziam serviços pesados, e viu também um egípcio batendo

em um israelita. Como não havia ninguém por perto, Moisés matou o egípcio. Ao ser descoberto, Moisés fugiu do Egito e foi morar na terra de Midiã.

Lá, ele conheceu Zípora, filha de Jetro, e casou-se com ela. Quando tiveram um filho, deram-lhe o nome de Gérson.

Alguns anos mais tarde, o rei do Egito morreu, mas o povo de Israel ainda sofria e era maltratado.

33 DEUS FALA COM MOISÉS
ÊXODO 3, 1-22

Moisés chegou ao Monte Sinai com o rebanho de Jetro. O Anjo do Senhor apareceu em uma chama de fogo no meio de uma moita.

Moisés viu que a moita pegava fogo e não se queimava. Deus chamou-o e disse-lhe para tirar as sandálias, pois aquele era um lugar sagrado. O Senhor falou que viu o sofrimento de seu povo e que enviaria Moisés ao faraó para libertar os israelitas. E Moisés disse a Deus:

– Quem sou eu para falar com o faraó e tirar o povo de Israel do Egito?

– Eu estarei com você! – Deus lhe respondeu. – Depois que tirar o meu povo do Egito, todos vão adorar-me neste monte.

34 MOISÉS E ARÃO CONVERSAM COM O FARAÓ
ÊXODO 5, 1-21; 6, 28-30; 7, 1-16

Moisés e Arão, seu irmão, foram até o faraó e lhe disseram:

– Assim diz o Deus de Israel: "Deixa ir o meu povo, para que me adorem no deserto".

O faraó tornou o trabalho dos israelitas mais pesado ainda, pois achava que, se eles pensavam em Deus, era porque não tinham o que fazer. Então, o Senhor disse a Moisés:

– Amanhã cedo, espere o faraó à beira do Rio Nilo e leve seu bastão. Diga-lhe o seguinte: "O Deus de Israel enviou-me até aqui para dizer-lhe que deixe o povo d'Ele ir embora do Egito, para que possa adorá-lo no deserto".

35 AS DEZ PRAGAS DO EGITO

ÊXODO 7, 17-25; 8; 9; 10; 11

Moisés fez como Deus pediu. Quando estavam com o rei, Arão bateu o bastão no rio e a água virou sangue. Essa foi a primeira praga lançada no Egito. Toda vez que Moisés e Arão iam falar com o faraó, ele não aceitava libertar o povo. Assim, Deus enviou mais nove pragas sobre o Egito: rãs por toda parte; transformação do pó da terra em piolhos; moscas; morte dos animais; feridas nas pessoas e nos animais; chuva de pedras; gafanhotos; uma grande escuridão durante três dias; e a morte do filho mais velho de cada família egípcia.

Depois da décima praga, o faraó chamou Moisés e Arão e disse-lhes:

– Vão embora, vocês e todos os israelitas. Peguem tudo o que é de vocês e saiam daqui depressa!

36 DEUS GUIA O POVO PELO DESERTO

ÊXODO 13, 17-22

O faraó deixou o povo de Israel sair do Egito, e o Senhor guiou os israelitas pelo deserto, perto do Mar Vermelho. Moisés levou junto os ossos de José, pois os filhos de Israel lhe haviam prometido isso quando saíssem do Egito.

O Senhor ia à frente do povo durante o dia, guiando-os em uma coluna de nuvem. À noite, Ele usava uma coluna de fogo para clarear o caminho. Deus sempre estava com o povo.

37 A PASSAGEM PELO MAR VERMELHO
ÊXODO 14

O faraó arrependeu-se de deixar o povo de Israel sair do Egito, então, e e seus soldados foram atrás da aravana. Ao verem que o faraó os erseguia, os israelitas ficaram com edo e pediram a ajuda de Deus.

Deus disse a Moisés para levantar eu bastão sobre o Mar Vermelho e ividi-lo ao meio. Moisés fez o que eus pediu, e as águas levantaram-se, omo se fossem muros à esquerda e à reita, e o povo passou pelo meio do ar. Os egípcios foram atrás. Depois ue os israelitas atravessaram o mar, eus disse a Moisés para levantar mais na vez o seu bastão. Moisés fez o que eus pediu, e as águas cobriram os egípcios que estavam no meio do ar. O povo de Israel viu o enorme poder de Deus e confiou no Senhor e n Moisés.

38 OS DEZ MANDAMENTOS
ÊXODO 20, 1-17

O povo de Israel ficou acampado em frente a um monte chamado Sinai. Moisés subiu ao monte para falar com Deus e ouviu do Senhor:

— Meu povo, Eu sou o Senhor, seu Deus, que o tirou do Egito. Não adore outros deuses. Não use o meu nome por qualquer coisa. Tenha um dia especial para mim, um dia para louvar e não para trabalhar. Trate bem o seu pai e a sua mãe. Não mate. Não traia a pessoa com quem se casou. Não roube. Não minta ou fale mal dos outros. Não deseje o que é dos outros, seja a mulher, a casa ou os bens.

39   O BEZERRO DE OURO
ÊXODO 31, 18; 32, 1-10

Moisés subiu mais uma vez ao monte, pois o Senhor o chamou para ouvir as recomendações de como viver e agir agradando a Deus. Essas palavras foram escritas em duas tábuas de pedra.

Moisés passou 40 dias no Monte Sinai. Por isso, o povo achou que ele havia morrido e disse a Arão que eles precisavam de deuses para cuidarem deles.

Então, Arão disse ao povo para trazer todo o ouro que tinha. Assim, fizeram um bezerro de ouro e começaram a adorá-lo como se ele fosse o próprio Deus.

40   MOISÉS PEDE PARA DEUS PERDOAR O SEU POVO
ÊXODO 32, 11-24

Ainda no Monte Sinai, Moisés falou com Deus:

– Senhor, não fique chateado! Com sua mão poderosa, o Senhor tirou o povo de Israel da terra do Egito. Lembre-se dos seus servos Abraão, Isaque e Jacó. O Senhor prometeu que eles teriam muitos filhos, e que esses filhos teriam uma terra para morar: a terra de Canaã.

Depois das palavras de Moisés, Deus perdoou o seu povo. Moisés desceu do monte e viu o povo adorando o bezerro. Então, ele queimou o bezerro até virar pó.

41 DOZE HOMENS SÃO ENVIADOS PARA CANAÃ
NÚMEROS 13

Certa vez, enquanto o povo de Israel ainda vivia no deserto, Deus disse a Moisés:

– Darei aos israelitas a terra de Canaã. Por isso, quero que você escolha doze homens para conhecerem a terra.

Moisés escolheu os homens dentre os príncipes e pediu-lhes para observarem bem a terra de Canaã.

Depois de quarenta dias, os doze homens voltaram contando a Moisés e ao povo tudo o que tinham visto:

– A terra de lá é muito boa e produz várias frutas gostosas, mas o povo é mais forte que nós. Vimos gigantes nessa terra.

42 A MORTE DE MOISÉS
DEUTERONÔMIO 34, 1-12

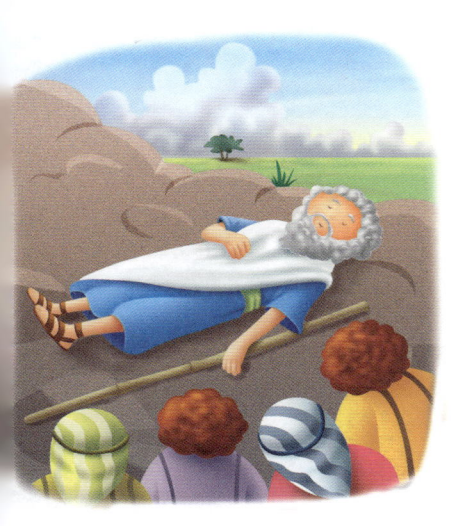

Os anos se passaram. Moisés subiu até o Monte Nebo, e Deus mostrou-lhe a Terra Prometida e disse:

– Aquela é a terra que eu prometi a Abraão, a Isaque e a Jacó. Você não entrará nela, mas a está vendo com seus próprios olhos.

Assim, Moisés morreu na terra de Moabe, como Deus havia dito.

Os israelitas choraram a sua morte durante 30 dias.

Então, o povo de Israel seguiu Josué como o novo líder.

43 JOSUÉ MANDA ESPIÕES A JERICÓ
JOSUÉ 2, 1-24

Josué era o novo líder do povo de Deus. Ele tinha uma tarefa muito difícil: levar esse povo até a Terra Prometida. Então, certo dia, Josué enviou dois homens até Jericó para observar a terra. Eles ficaram na casa de uma mulher chamada Raabe. Quando o rei de Jericó descobriu que havia dois homens do povo de Israel na casa de Raabe, mandou procurá-los para fazer-lhes mal. Mas Raabe os escondeu e disse que eles não estavam mais ali.

Quando os perseguidores se foram, ela pediu aos dois israelitas que se lembrassem dela quando o povo de Israel fosse morar naquela terra. Eles voltaram e contaram a Josué tudo o que havia acontecido em Jericó.

44 A DESTRUIÇÃO DE JERICÓ
JOSUÉ 6, 1-27

A cidade de Jericó estava fechada, e Deus disse a Josué para o povo rodeá-la durante seis dias. No sétimo dia, eles andaram ao redor da cidade sete vezes, com os sacerdotes tocando as suas cornetas. Em seguida, o povo deveria gritar, assim, os muros da cidade cairiam.

Então, tudo aconteceu como o Senhor havia dito: os muros de Jericó caíram, e a cidade foi destruída. Raabe e sua família foram morar com o povo de Israel, pois acreditaram em Deus.

45   A TERRA É DIVIDIDA ENTRE O POVO
JOSUÉ 14, 1-5

Josué e o povo conseguiram conquistar Canaã, a Terra Prometida por Deus. Cada tribo recebeu uma parte da terra para morar e cuidar do seu gado e dos seus familiares. Duas tribos e meia já haviam recebido de Moisés um lugar para morar antes do Rio Jordão. As nove tribos e meia, depois da conquista de Canaã, receberam sua parte da terra. A tribo de Levi não recebeu terra, mas cidades para morar e poder cuidar do gado. Assim, Josué e os filhos de Israel repartiram a terra e passaram a morar em Canaã.

46   SANSÃO SE APAIXONA
JUÍZES 14, 1-4

Sansão, um jovem de Israel que era muito forte, apaixonou-se por uma moça que era do povo filisteu. Ele falou aos seus pais que queria se casar com ela, mas seu pai e sua mãe disseram:

– Meu filho, não há nenhuma mulher entre o povo de Israel com quem você possa se casar?

Sansão respondeu:

– Eu quero aquela mulher do povo filisteu. É a única que me agrada.

Sansão se apaixonou pela moça do povo filisteu por vontade de Deus, para que a promessa se cumprisse e Sansão, com a força do Senhor, libertasse o seu povo dos filisteus.

47 — A TRAIÇÃO DE DALILA
JUÍZES 16, 4-31

Os príncipes dos filisteus souberam que Sansão estava gostando de uma mulher chamada Dalila, e ofereceram muito dinheiro a ela, mas em troca queriam descobrir o segredo da força dele. Após muita insistência de Dalila, Sansão disse que sua força vinha dos cabelos, que nunca haviam sido cortados.

Certo dia, quando ele dormiu, Dalila mandou chamar um homem para cortar o cabelo de Sansão. Assim, foi fácil prendê-lo, porque ele não tinha mais a força de antes. O rapaz foi levado até o templo em que milhares de filisteus estavam adorando seu falso deus, e pediu que o colocassem perto das duas colunas que sustentavam a construção. Pela última vez, Sansão clamou força ao Senhor, e Deus o ouviu. Então, Sansão fez força sobre as duas colunas que sustentavam o templo, derrubando-as sobre todos, inclusive sobre si mesmo.

48 — NOEMI E RUTE
RUTE 1, 1-22

Um homem chamado Elimeleque e sua esposa, Noemi, foram morar em Moabe. Passado algum tempo, Elimeleque morreu. Os seus filhos casaram-se com mulheres daquela terra; o nome de uma era Orfa, e o da outra, Rute. Mas morreram também os dois filhos de Noemi.

Então, Noemi decidiu voltar para a terra de Judá, e disse às suas noras que voltassem para a casa de suas mães.

Orfa decidiu voltar ao seu povo, mas Rute não quis deixar Noemi sozinha. Assim, as duas mulheres voltaram para Belém.

49 RUTE SE CASA COM BOAZ
RUTE 4, 1-22

Rute se casou com Boaz, um parente de Noemi, e os dois tiveram um filho.

As mulheres que estavam com Noemi falaram o seguinte sobre a criança:

— O nosso Deus é bondoso, pois Ele não deixou de lhe dar um neto. O nome dele será importante em Israel. Esse menino veio alegrar a sua vida e também a sua velhice.

Desde aquele dia, Noemi cuidou da criança, que se chamava Obede. Ele seria o pai de Jessé, que foi pai de Davi.

50 O PEDIDO DE ANA
I SAMUEL I, 1-18

Havia um homem em Efraim chamado Elcana. Ele tinha duas mulheres, Ana e Penina. Esta tinha filhos, mas Ana não podia ter e era muito triste por isso. Então, ela orou ao Senhor no templo e fez uma promessa:

— Senhor Deus, olhe o meu sofrimento e lembre-se de mim. Se me der um filho homem, ele passará todos os dias da sua vida na casa do Senhor.

O sacerdote Eli, quando viu Ana orando, disse-lhe:

— Que Deus a atenda.

51 O NASCIMENTO DE SAMUEL
I SAMUEL 1, 19-28

Deus atendeu ao pedido de Ana, e ela ficou grávida. Quando o seu filho nasceu, ela disse:

– O seu nome será Samuel, porque eu o pedi ao Senhor.

Ana ficou com Samuel até ele não precisar mais mamar. Depois disso, ela o levou ao templo e o entregou ao sacerdote Eli, dizendo:

– Meu senhor, sou aquela mulher que falava com Deus no templo. Deus respondeu ao meu pedido e deu-me um filho. Hoje, com alegria, trago-o para servir ao Senhor.

52 DEUS FALA COM SAMUEL
I SAMUEL 3, 1-18

Samuel foi crescendo e servia a Deus no templo, ajudando o sacerdote Eli. Certa vez, quando já era um jovem, estava deitado e ouviu uma voz o chamando.

Ele correu para falar com o sacerdote Eli, mas ele não o havia chamado. Isso aconteceu duas vezes. Então, o sacerdote disse a Samuel que, se alguém o chamasse, ele deveria responder: "Fale, Senhor, pois o seu servo ouve!".

Assim, o Senhor Deus chamou Samuel mais uma vez, e Samuel respondeu da mesma forma que Eli havia lhe falado.

Deus falou tudo o que Samuel precisava saber, pois no futuro ele seria sacerdote da casa de Deus.

53 SAUL É O REI DE ISRAEL
I SAMUEL 10, 17-27

Samuel tornou-se sacerdote em Israel. Um dia, ele reuniu o povo e disse que Deus sabia da vontade deles de terem um rei para governar Israel.

Então, Samuel pediu que todas as tribos de Israel se reunissem, e entre elas foi escolhida a tribo de Benjamim. Dessa tribo, foi escolhida uma família, da qual veio o rei Saul. Samuel disse:

– Vejam quem o Senhor escolheu! No meio do povo, não há ninguém igual a Saul.

– Viva o rei! – o povo exclamou. Depois disso, Samuel escreveu em um livro a lei do reino, e o povo voltou para casa.

54 SAUL NÃO FAZ A VONTADE DE DEUS
I SAMUEL 13, 1-14

Saul estava em guerra contra os filisteus. Mas, como o povo de Israel não conseguiu vencê-los, escondeu-se em lugares onde os inimigos não o encontrassem.

Saul estava esperando Samuel, que não foi ao esconderijo durante sete dias. Então, Saul fez ofertas a Deus sobre o altar sagrado e, assim que terminou, Samuel chegou para ver o rei.

Era costume apenas o sacerdote fazer aquele tipo de oferta a Deus, e não o rei. Saul havia desobedecido a Deus e, por causa disso, ele não poderia mais continuar como o grande rei de Israel.

55 SAMUEL É ENVIADO À CASA DE JESSÉ
I SAMUEL 16, 1–13

Deus enviou Samuel à casa de Jessé, em Belém, para escolher outro rei para Israel. Ao chegar, Samuel viu um dos filhos de Jessé, Eliabe, e pensou: "Sem dúvida alguma, esse deverá ser o novo rei de Israel, o escolhido de Deus". Mas Deus disse:

— Você não deve levar em conta a altura dele ou como ele é. O homem vê o que está fora, como o corpo e a aparência. Eu, o Senhor, vejo o coração. Depois disso, Samuel viu outros seis filhos de Jessé, mas nenhum deles foi escolhido. Faltava ainda Davi, o filho mais novo. Deus disse a Samuel que Davi era o escolhido. Então, Samuel colocou óleo sobre a cabeça do jovem, pois era assim que se fazia para escolher o rei de Israel.

56 DAVI TOCA HARPA PARA SAUL
I SAMUEL 16, 14–23

Saul vivia nervoso, pois Deus já não estava mais com ele como antes.

Então, os servos de Saul procuraram alguém que tocasse harpa, para acalmar o rei.

Um dos empregados de Saul conhecia Davi e pediu a Jessé que o enviasse ao rei.

Sempre que o rei ficava muito nervoso, Davi tocava harpa, e Saul acalmava-se.

57 GOLIAS INSULTA OS SOLDADOS DE ISRAEL
I SAMUEL 17, 12-39

O povo de Israel estava guerreando contra os filisteus. Os três filhos mais velhos de Jessé também estavam na batalha. O pai de Davi pediu-lhe que fosse ver como estavam seus irmãos.

Havia um gigante filisteu chamado Golias, e ninguém tinha coragem de lutar contra ele, porque era muito grande e forte.

Davi ouviu o que Golias falava contra os soldados e Deus, e ficou muito chateado. Então, foi pedir ao rei Saul permissão para lutar contra Golias. O rei autorizou-o a defender o seu povo.

58 DAVI ENFRENTA O GIGANTE GOLIAS
I SAMUEL 17, 40-54

Para lutar contra Golias, Davi pegou cinco pedras perto de um riacho e colocou-as em sua bolsa de pastor de ovelhas. Ele levou também sua funda, um tipo de estilingue da época.

Quando Golias viu Davi, tratou-o mal, pois achava que ele era muito pequeno e jovem para enfrentá-lo. Mas Davi disse a Golias:

— Você vem a mim com espada, lança e escudo. Eu vou contra você em nome de Deus.

Davi tirou uma pedra da bolsa, colocou na funda e jogou-a na direção de Golias. A pedra acertou a testa do gigante, e ele caiu, derrotado.

59 A INVEJA DE SAUL
I SAMUEL 18, 6-16

Quando Davi e os soldados voltara[m] da batalha contra os filisteus, muitas mulheres foram até o rei Saul para cantarem e dançarem ao som de belo[s] instrumentos, exaltando Davi.

Assim, no outro dia, dominado por um espírito mau, Saul planejou algo ruim para o jovem. Resolveu jogar um[a] lança em Davi, que desviou por duas vezes. O rei passou a ter medo de Davi, porque sabia que Deus sempre protegeria o jovem. Saul colocou Dav[i] como comandante de mil homens, e ele cumpria todos os seus deveres, comandando bem os soldados.

Em Israel, todos gostavam de Davi por ele ser um homem muito corajos[o].

60 DAVI NÃO DESEJA MATAR SAUL
I SAMUEL 24, 1-22

O rei Saul logo voltou a perseguir Davi, que fugiu e escondeu-se em uma caverna. Saul foi descansar na mesma caverna em que Davi estava escondido. Enquanto o rei dormia, Davi cortou um pedaço da capa dele sem que ele percebesse. Depois, foi ao encontro de Saul, mostrou o pedaço que cortou de sua capa, e disse que de modo algum faria mal ao escolhido de Deus.

Saul ficou triste por desejar mal a Davi e chorou, arrependido.

61 DAVI É REI DE JUDÁ
2 SAMUEL 2, 1-7

Depois da morte de Saul, Davi falou com o Senhor Deus:

– Devo ir para alguma cidade de Judá?

Deus respondeu:

- Você deve ir para Hebrom.

Assim, Davi foi morar naquela cidade com suas esposas, seus companheiros e as famílias deles.

E os homens de Judá foram ao encontro de Davi e o escolheram como o seu rei.

Ao saber quem havia enterrado Saul, Davi lhes mandou um recado:

– Que Deus abençoe vocês por cuidarem bem de Saul, mesmo depois de sua morte. O rei de vocês está morto, e o povo que mora em Judá me escolheu para ser rei.

62 DAVI É REI DE ISRAEL
2 SAMUEL 5, 1-10

Todas as pessoas importantes de Israel foram até Hebrom e escolheram Davi como o rei de Israel. Quando ele foi escolhido, tinha 30 anos.

Naquele tempo, Davi tomou Jerusalém de um povo que morava na cidade: os jebuseus. Ele morou naquela cidade e a chamou de cidade de Davi.

Cada vez mais, Davi tornava-se poderoso, pois o Senhor estava com ele.

63 A ARCA DA ALIANÇA É LEVADA A JERUSALÉM
2 SAMUEL 6, 12-18

Passado algum tempo, Davi quis levar a Arca da Aliança para Jerusalém.

Ela era coberta de ouro e guardava as duas placas de pedra nas quais haviam sido escritos os Dez Mandamentos e também outros objetos sagrados. A presença da arca no meio do povo de Israel significava que Deus estava com eles.

Então, a Arca da Aliança foi levada até o seu lugar, e Davi fez ofertas a Deus. O povo foi abençoado.

64 DAVI MANDA CONTAR O POVO
2 SAMUEL 24, 1-10

Certo dia, Davi quis saber quantas pessoas havia em Israel e pediu a Joabe para fazer a contagem. Joabe andou por toda a terra do rei e depois de 9 meses e 20 dias voltou a Jerusalém. Após a contagem, Davi ficou muito triste, pois seu intuito era apenas saber quanto poder tinha conquistado com as próprias mãos. Ele não fez a contagem para agradecer a Deus o número de pessoas que o Senhor tinha lhe dado para governar.

O que Davi fez não foi bom aos olhos de Deus.

65 DEUS CASTIGA O REINO DE DAVI
2 SAMUEL 24, 11-17

Davi recebeu a Palavra do Senhor por meio do profeta Gade.

– Ofereço três coisas a você, Davi. Escolha uma delas. Você quer que a sua terra passe por três anos de fome? Quer ser perseguido por três meses pelos seus inimigos? Ou deseja que uma doença grave apareça na sua terra por três dias?

Então, Davi respondeu ao profeta:

– Estou sofrendo muito. Mas desejo cair nas mãos de Deus, porque grande é a sua bondade. Não quero cair nas mãos dos homens.

Então, veio uma doença grave sobre Israel e 70 mil homens do povo morreram. Davi viu quanto mal ele causou pelo seu orgulho.

66 DAVI CONSTRÓI UM ALTAR
2 SAMUEL 24, 18-25

O profeta Gade disse a Davi:

– Vá até o campo de Araúna, o jebuseu, construa um altar para o Senhor.

Davi obedeceu e, quando o homem viu rei, ajoelhou-se diante dele.

Davi comprou o campo de Araúna e construiu um altar, onde fez ofertas a Deus. Assim, o Senhor ficou muito feliz com o rei e retirou a doença grave que estava sobre Israel.

67 A MORTE DE DAVI
I REIS 2, 1-12

O rei Davi estava muito velho, e o dia de sua morte aproximava-se. El chamou seu filho Salomão e disse:

– Filho, eu vou seguir o caminho de todas as pessoas mortais. Seja homem! Guarde a Palavra de Deus e os seus caminhos como foi escrit por Moisés. Assim, tudo o que voc fizer segundo a vontade do Senho dará certo, e, para onde você for, Deus o acompanhará.

Davi descansou com seus pais e sepultado em Jerusalém. Ele reino durante 40 anos. Quando Salomão tomou posse do trono de seu pai, seu reino foi fortalecido.

68 SALOMÃO PEDE SABEDORIA A DEUS
I REIS 3, 3-15

Salomão amava a Deus e seguia sua Palavra. Certo dia, o Senhor apareceu em seu sonho e disse para Salomão pedir o que quisesse. Ele pediu sabedoria, pois não sabia como governar o grande povo de Israel.

– Você poderia ter desejado qualquer coisa, mas quis sabedoria. Portanto, dou-lhe um coração sábio e inteligência, e jamais houve ou haverá alguém igual a você. Vou dar-lhe até o que não me pediu: riquezas e glória em abundância – disse o Senhor.

Salomão acordou do sonho, foi a Jerusalém e permaneceu na presença da Arca da Aliança, e ali fez ofertas a Deus.

69 A INTELIGÊNCIA DO REI SALOMÃO
I REIS 3, 16-28

Um dia, duas mulheres foram até o rei Salomão. Uma contou que elas moravam juntas e cada uma teve um filho. O da colega havia morrido e ela o trocou pela criança viva. A outra mulher afirmava que era o filho de sua companheira que havia falecido. Então, o rei Salomão pediu para dividirem a criança em duas partes com uma espada e darem uma para cada mulher.

– Não, meu rei. Dê a criança a ela! Quero que ela viva – gritou a primeira mulher.

Já a outra disse:

– Cortem a criança. Se não será minha, também não será dela.

– Deem a criança à mulher que pediu que a deixassem viva. Ela é a mãe verdadeira.

Essa sábia decisão do rei Salomão fez que o povo de Israel o respeitasse mais, pois ele tinha a sabedoria do Senhor Deus.

70 SALOMÃO CONSTRÓI UM TEMPLO
I REIS 6, 1-13

Depois de quatro anos de reinado, Salomão começou a construir a casa de Deus com pedras. Depois, a casa foi coberta com tábuas de cedro.

Então, veio a Palavra de Deus a Salomão:

– Se você andar segundo as minhas palavras e os meus desejos, cumprirei o que prometi a você e a seu pai. Morarei no meio dos filhos de Israel e não os abandonarei.

71 SALOMÃO DESOBEDECE A DEUS
I REIS II, 1-8

Salomão já estava velho, e as suas mulheres conseguiram desviar o seu coração de Deus. Como rei, ele pôde ter muitas mulheres, e várias não adoravam a Deus.

Salomão não era mais fiel ao Senhor, como foi Davi. Ele adorou e construiu altares para outros deuses. Dessa maneira, o rei Salomão agiu mal aos olhos de Deus.

72 A MORTE DE SALOMÃO
I REIS II, 41-43

Salomão reinou durante 40 anos em Jerusalém. Ele descansou e foi enterrado na cidade de Davi.

Os feitos de Salomão e a sua sabedoria estão escritos no livro da sua história. E seu filho Roboão reinou em seu lugar.

73 · O REINADO DE ACABE EM ISRAEL

I REIS 16, 29-34

Depois de vários outros homens terem reinado em Israel, surgiu Acabe. Ele reinou sobre Israel no ano 38 do reinado de Asa em Judá.

Acabe fez o que era mau aos olhos de Deus, muito mais que todos os outros reis. Ele se casou com uma mulher chamada Jezabel, que adorava um deus chamado Baal. Acabe também adorou esse deus e construiu um altar para ele em Samaria.

Acabe fez muitas coisas ruins e deixou Deus muito triste.

74 · CORVOS ALIMENTAM ELIAS

I REIS 17, 1-7

No tempo em que Acabe reinou, houve um grande profeta chamado Elias. Ele disse a Acabe:

– Deus está dizendo que não vai chover na terra de Israel, e que ela sofrerá uma grande seca.

Então, Elias retirou-se da presença do rei Acabe e foi para o Oriente.

Lá, Deus cuidou de Elias. Ele bebeu água e foi alimentado por corvos, que lhe levavam carne e pão, de manhã e à noite.

75 ELIAS E OS PROFETAS DE BAAL
I REIS 18, 20-40

Elias pediu ao rei Acabe para provar a todos que o Senhor era o verdadeiro Deus. Diante de todo o povo, no Monte Carmelo, os profetas se reuniram e começaram a clamar pelo deus Baal, desde manhã até o meio--dia, para que ele recebesse a oferta que estava sobre o altar.

Quando Elias chamou o nome de Deus, o Senhor respondeu queimando a oferta que estava sobre o altar. Ao ver o poder de Deus, o povo caiu com o rosto no chão, dizendo que o Senhor era Deus.

Todos os profetas de Baal foram destruídos, e, por meio de Elias, o Senhor provou ser o verdadeiro Deus de Israel.

76 ELIAS NO MONTE HOREBE
I REIS 19, 1-18

A mulher do rei Acabe, Jezabel, ficou muito brava com Elias, pois já não existiam profetas de Baal em Israel. Então, ela foi atrás de Elias para matá-lo. Elias fugiu e ficou escondido em uma caverna. Lá, ele pediu ajuda a Deus, que disse:

— Vá para Damasco e escolha Hazael como rei da Síria, Jeú como rei de Israel e Eliseu para ser profeta em seu lugar. Quero que saiba, Elias, que há muita gente de Deus em Israel. Há 7 mil pessoas que não adoraram Baal e que não o consideram um deus.

77 ELIAS ENCONTRA ELISEU
I REIS 19, 19-21

Elias saiu do Monte Horebe e encontrou Eliseu, que estava trabalhando no campo.

Ao passar por Eliseu, Elias jogou a sua capa sobre ele. Eliseu entendeu que seria um profeta, então disse a Elias:

– Só vou despedir-me dos meus pais e depois o seguirei.

Eliseu fez o que havia dito e, a partir daquele dia, serviu ao profeta Elias.

78 ELIAS FALA CONTRA ACABE E JEZABEL
I REIS 21, 17-29

A Palavra de Deus veio a Elias, e ele devia transmiti-la a Acabe e Jezabel:

– Vocês mataram um homem inocente e ainda querem ficar com a sua vinha. Os dois fizeram muito mal perante o Senhor. Agora, o mal cairá sobre vocês, e o seu nome, Acabe, será apagado de Israel. Ninguém se vendeu como você para fazer uma maldade dessas diante de Deus, porque sua esposa Jezabel o dominava. Por isso, ela também não continuará viva.

Quando Elias disse todas as coisas que Deus havia pedido, Acabe rasgou a própria roupa e se arrependeu de todo o mal que havia feito.

79 DEUS LEVA ELIAS AOS CÉUS
2 REIS 2, 9-14

Depois que Elias e Eliseu atravessaram o Rio Jordão, o profeta disse a Eliseu:

– Peça-me o que quiser e acontecerá.

– Quero ser mais poderoso que você, Elias.

Eliseu, se conseguir me ver subindo quando eu for elevado aos céus, você será um profeta mais poderoso que eu.

Eles continuaram andando e, de repente, Elias foi levado ao céu em uma carruagem puxada por cavalos de fogo. Eliseu viu o seu mestre subindo ao céu e, ao encontrar a sua capa, usou-a da mesma maneira que ele. Eliseu tocou o Rio Jordão com a capa de Elias e passou pelo meio do rio sem se molhar.

80 A MORTE DE JEZABEL
2 REIS 9, 30-37

Jezabel era a mulher do falecido rei Acabe. Jeú era o novo rei de Israel. Ele sabia quem era aquela mulher e como ela havia causado mal a Israel e à Palavra de Deus.

Quando Jeú chegou ao palácio e viu Jezabel, ordenou que ela fosse lançada de onde estava.

O nome dessa mulher foi esquecido, bem como o mal que ela desejou a Israel.

81 JOSIAS QUER QUE ADOREM SÓ AO SENHOR
2 REIS 22, 1-7; 23, 4-14; 28-30

Josias começou a reinar em Jerusalém ainda criança e reinou durante muitos anos.

O povo de Israel não era tão fiel ao Senhor, mas Josias procurou seguir a Deus e ensinar o povo. Além disso, fez uma grande reforma na casa de Deus.

Ele pediu que não adorassem os deuses falsos e que eles fossem tirados do templo e queimados fora de Jerusalém.

Todos os sacerdotes que adoravam esses deuses foram tirados do trabalho do templo.

Josias fez o que pôde para acabar com a adoração a outros deuses. Mais tarde, o grande rei morreu, mas a sua história ficou escrita, e o seu nome nunca foi esquecido.

82 NABUCODONOSOR INVADE JERUSALÉM
2 REIS 24, 10-17

Nabucodonosor, rei da Babilônia, foi a Jerusalém e cercou-a com seus servos.

Joaquim, rei de Judá, foi levado preso até Babilônia, e também os príncipes, homens valentes e grandes trabalhadores. Apenas o povo pobre foi deixado em Jerusalém.

Além disso, os tesouros e objetos de ouro da casa de Deus foram levados.

No lugar de Joaquim, reinou o seu tio Zedequias, pois essa era a vontade de Nabucodonosor.

83 A QUEDA DE JERUSALÉM
2 REIS 24, 20; 25, 1-21

Zedequias era o rei de Jerusalém e não queria servir a Nabucodonosor.

Então, a Babilônia foi com todo o exército cercar Jerusalém.

Depois de algum tempo, não havia mais alimento em Jerusalém, pois os seus inimigos tinham cercado a cidade.

Assim, a cidade foi invadida. Os muros foram derrubados, a casa de Deus, queimada, e o restante do povo, que estava na cidade, foi levado para a Babilônia como escravo.

84 CIRO, O REI DA PÉRSIA
2 CRÔNICAS 36, 22-23

A Babilônia estava nas mãos dos persas, e Ciro era o grande rei da Pérsia.

O profeta Jeremias havia dito, pela Palavra do Senhor, que Ciro libertaria o povo de Israel. Assim, o rei persa disse ao povo:

– O Senhor Deus deu-me todos os reinos da Terra e deseja que eu construa uma casa para Ele em Jerusalém. Quem quiser pode voltar a Jerusalém, e que o Senhor esteja com cada um.

85 INIMIGOS CONTRA A RECONSTRUÇÃO DO TEMPLO
ESDRAS 4, 1-24

Próximo a Jerusalém havia muitos povos, e nenhum deles respeitava o Senhor. Eles não queriam que o povo reconstruísse o templo e voltasse a morar em Jerusalém.

Os inimigos de Israel tentaram desanimar o povo para que não continuasse a reforma na casa de Deus. Aqueles homens maus sabiam que, se Israel conseguisse reconstruir Jerusalém, o templo e os muros da cidade, aquele povo voltaria a ser poderoso, pois Deus estava com eles.

86 O TEMPLO É RECONSTRUÍDO
ESDRAS 6, 13-22

O povo e os seus líderes continuaram a reconstrução do templo. Os profetas Ageu e Zacarias já haviam dito que eles conseguiriam realizar esse grande trabalho. Depois de seis anos que Dario reinava, o templo em Jerusalém foi finalizado.

Todos festejavam a reconstrução do templo. Foram feitas ofertas ao Senhor de acordo com o número das tribos de Israel.

Os sacerdotes voltaram a trabalhar na casa de Deus. A Páscoa foi festejada com alegria, e o povo buscou ao Senhor, seu Deus.

87 A DESOBEDIÊNCIA DA RAINHA VASTI
ESTER 1, 1-22

Assuero era o grande rei da Pérsia. No terceiro ano do seu reinado, ele deu uma grande festa, pois queria mostrar a beleza da sua rainha aos convidados.

Então, pediu aos empregados para irem buscá-la, mas a rainha Vasti não obedeceu ao rei.

O rei Assuero ficou bravo e pediu um conselho aos sábios sobre o que deveria fazer com a rainha.

Depois, o rei Assuero mandou a rainha Vasti embora e começou a procurar outra para substituí-la.

88 ESTER TORNA-SE RAINHA
ESTER 2, 1-20

Passado algum tempo, os empregados do rei Assuero disseram:

– Que sejam trazidas até o rei moças, e aquela de quem ele gostar será rainha no lugar de Vasti.

O rei concordou e assim foi feito.

Ele gostou de uma moça chamada Ester, que não tinha pai nem mãe e havia sido criada por seu tio Mardoqueu.

Então, Ester foi escolhida para ser a nova rainha no lugar de Vasti.

89 HAMÃ PLANEJA MATAR OS JUDEUS

ESTER 3, 1-15

Pouco tempo depois, o rei Assuero colocou Hamã acima de todos os príncipes do seu reino. Todos os empregados do rei inclinavam-se diante dele.

Porém, Mardoqueu amava a Deus, e não se inclinava diante de Hamã, que ficou muito chateado com isso. Então, Hamã disse ao rei Assuero que no meio do povo havia muitas pessoas que desobedeciam às leis.

O rei ordenou que todos os judeus fossem mortos.

90 O PEDIDO DE MARDOQUEU À RAINHA ESTER

ESTER 4, 1-9

Quando Mardoqueu soube da ordem do rei Assuero, ficou muito triste. Também houve grande tristeza entre o povo judeu de todas as cidades.

A rainha Ester soube do que estava acontecendo com seu tio Mardoqueu e pediu a um empregado do rei que fosse até ele e trouxesse notícias.

O empregado do rei voltou e contou a Ester tudo o que Mardoqueu havia dito.

Mardoqueu pediu a Ester que falasse diante do rei a favor dos judeus, que eram também o seu povo.

91 ESTER CONVIDA O REI E HAMÃ PARA UM BANQUETE
ESTER 5, 1-14; 7, 1-10

Depois dos últimos acontecimentos, a rainha Ester preparou um banquete e convidou o rei Assuero e Hamã.

Ester pediu ao rei e a Hamã para voltarem a sua casa no dia seguinte e continuarem o banquete, e então ela revelaria o seu pedido ao rei.

No outro dia, Hamã e o rei Assuero voltaram, e a rainha Ester pediu pela vida dela e a de seu povo, pois Hamã desejava fazer mal ao povo de Israel. Então, Hamã foi enforcado.

92 JÓ PERDE SUA RIQUEZA E SEUS FILHOS
JÓ 1, 13-22

Jó acreditava muito em Deus. Um dia, um empregado chegou até ele e disse:

– Jó, estávamos cuidando dos animais e, de repente, apareceram uns homens maus que mataram seus empregados. Apenas eu estou vivo!

Nesse dia, Jó perdeu também animais, alguns roubados e outros mortos. Todos os seus filhos morreram, pois a casa onde estavam desabou. Quando Jó soube o que aconteceu, não culpou Deus nem reclamou, pois era um homem de fé que amava o Senhor.

93 JÓ FICA MUITO DOENTE

JÓ 2, 1-13

Jó perdeu os filhos, empregados e animais. Além disso, ele ficou muito doente, com o corpo coberto de feridas, que o incomodavam.

A mulher de Jó disse a ele:

– Você ainda acredita em Deus? Fale mal d'Ele!

Mas Jó respondeu:

– A nossa vida é assim! Acontecem coisas boas e ruins.

Jó não falou mal de Deus em momento algum e continuou acreditando no Senhor.

94 DEUS ABENÇOA JÓ

JÓ 42, 10-17

Enquanto Jó orava a Deus, o Senhor abençoou-o e deu-lhe muito mais do que havia perdido. Jó voltou a ter muitas ovelhas, muitos bois e camelos. Ele teve outros filhos e filhas, e naquela terra não existiam mulheres tão bonitas quanto as filhas desse homem.

Jó viveu 140 anos e morreu na certeza e na confiança do amor de Deus por ele.

95 DANIEL E SEUS AMIGOS COM O REI
DANIEL 1, 1-2

O povo estava na Babilônia, e o rei pediu que jovens judeus aprendessem a ser sábios. O desejo do rei era que esses jovens ficassem no seu palácio.

Entre os jovens escolhidos, havia um que se chamava Daniel. Deus deu a ele o dom de todas as visões e todos os sonhos. Quando os jovens estavam preparados, foram levados até o rei Nabucodonosor.

96 DANIEL NA COVA DOS LEÕES
DANIEL 5, 30-31; 6, 1-28

Quando os babilônios perderam o poder sobre suas terras, passaram a ser dominados por outro povo, os medos, cujo rei era Dario. O rei gostava muito de Daniel, mas havia homens no reino que queriam prejudicar o jovem. Certa vez, eles convenceram o rei a decretar que, se alguém orasse ou pedisse algo a Deus, seria jogado na cova dos leões. Como Daniel não deixou de fazer suas orações, foi jogado na cova.

O rei não queria que isso tivesse acontecido e, na manhã seguinte, procurou por Daniel. Deus tinha enviado um anjo que acalmou os leões para não ferirem seu servo. O rei ficou feliz ao ver Daniel a salvo. Depois, fez um documento afirmando que todos do reino deveriam respeitar o Deus de Daniel.

97 JONAS E O GRANDE PEIXE
JONAS 1, 1–17

Certa vez, Deus disse a Jonas, o profeta:

– Vá até a cidade de Nínive e avise o povo que, se não parar de fazer o mal, eu o destruirei.

Jonas não atendeu a voz de Deus. Ele foi a Társis, e não a Nínive.

Durante a viagem, houve fortes ventos e tempestade sobre o mar. O navio estava quase destruído pela força da chuva e do vento.

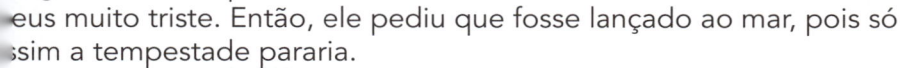

Jonas foi acordado pelos marinheiros, e logo entendeu que havia deixado Deus muito triste. Então, ele pediu que fosse lançado ao mar, pois só assim a tempestade pararia.

Os homens lançaram o profeta ao mar e, no mesmo instante, o céu clareou e o mar acalmou. Deus enviou um grande peixe para engolir Jonas, e ele ficou três dias em sua barriga.

98 JONAS ORA A DEUS
JONAS 2, 1–10

Quando Jonas estava na barriga do grande peixe, orou a Deus:

– Eu chamei o seu nome quando fiquei triste. O Senhor respondeu-me e ouviu a minha voz. A minha oração subiu ao Senhor, e a Deus pertence a salvação.

Depois disso, Deus falou com o grande peixe, que logo colocou Jonas para fora da sua barriga.

99 JONAS ANUNCIA A PALAVRA DE DEUS EM NÍNIVE
JONAS 3, 1–10

Deus procurou Jonas novamente e disse

– Vá até Nínive. Fale a esse povo sobre minha Palavra e o que desejo fazer se eles não deixarem de praticar o mal.

Então, Jonas foi a Nínive e anunciou:

– Daqui a 40 dias, Nínive será destruída. O povo e o rei daquele lugar acreditaram no Senhor e se arrependeram.

Deus viu o arrependimento no coração dos ninivitas e decidiu não causar nenhuma destruição.

100 O ANÚNCIO DO NASCIMENTO DE JESUS
LUCAS 1, 26–38

Deus enviou o anjo Gabriel a uma pequena cidade da Galileia, onde morava Maria, uma jovem que ia se casar com José.

Ao ver o anjo, Maria se assustou, mas ele a acalmou e disse-lhe:

– Você foi escolhida por Deus para dar à luz um menino, que se chamará Jesus.

– Como isso acontecerá, se ainda não sou casada? – Maria perguntou ao anjo.

– O Espírito Santo descerá sobre você e a envolverá. Acredite, nada é impossível para Deus.

Muito contente, Maria falou que estava pronta para cumprir a vontade de Deus, e o anjo partiu.

101 MARIA VISITA ISABEL
LUCAS 1, 39-56

Depois de alguns dias, Maria foi visitar sua prima Isabel, que estava grávida de João Batista. Ao ouvir a saudação de Maria, o bebê de Isabel se mexeu dentro da barriga. Então, a prima de Maria exclamou:

— Como você e sua criança são abençoados, Maria! Quem sou eu para receber a visita da mãe do meu Salvador?

Maria cantou em agradecimento a Deus pela bênção recebida.

102 UM ANJO APARECE A JOSÉ
MATEUS 1, 18-25

Quando José soube da gravidez de Maria, quis desistir do casamento. Certo dia, enquanto pensava sobre o assunto, José adormeceu, e um anjo apareceu em seu sonho, dizendo:

— Não tenha medo, José! Case-se com Maria. Ela está grávida porque foi escolhida por Deus para ser a mãe da criança que salvará o mundo. Nascerá um lindo menino, e você colocará nele o nome de Jesus.

Quando José acordou, não teve mais dúvidas, casou-se com Maria e esperou alegremente a chegada do Salvador.

103 O NASCIMENTO DE JESUS
LUCAS 2, 1-7

Maria já estava perto de ter o seu bebê, quando o imperador César Augusto ordenou que se contassem todos os que haviam nascido em Belém, a cidade de Davi.

José, como era da casa e da família de Davi, teve de ir para lá com Maria. Quando chegaram, a cidade já estava cheia e não havia mais hospedarias. O único lugar que encontraram foi uma estrebaria, onde ficavam os animais, e ali Maria deu à luz Jesus. Ela o envolveu em panos e o colocou em uma manjedoura.

104 OS PASTORES E OS ANJOS
LUCAS 2, 8-21

Na região em que Jesus nasceu, hav um grupo de pastores que vigiava os seus rebanhos. De repente, surgiu um anjo que lhes disse:

– Nasceu hoje em Belém o Salvador, o Messias prometido. Vão até lá, e vejam uma criança enrolada em panos em uma manjedoura.

Então, os pastores foram até Belém e encontraram Maria, José e a criança na manjedoura. Os pastores, muito admirados, foram embora louvando a Deus pela boa-nova.

Oito dias depois, os pais deram o nome de Jesus ao menino, assim com o anjo havia pedido.

105 OS VISITANTES DO ORIENTE
MATEUS 2, 1-12

Quando Jesus nasceu, alguns magos notaram uma estrela. Guiados por ela, eles foram do Oriente a Jerusalém perguntar se o rei Herodes sabia onde o Messias havia nascido.

Herodes ficou furioso, mas fingindo ter gostado da notícia, disse aos magos:

— Vão até Belém, adorem o menino e venham me contar, para que eu também possa adorá-lo.

No caminho, a estrela apareceu novamente e guiou os magos até o menino. Eles levaram presentes e o adoraram. Antes de partir, tiveram um sonho, e decidiram mudar o caminho de volta e não contar nada a Herodes.

106 A FUGA PARA O EGITO
MATEUS 2, 13-20

Quando Herodes percebeu que os magos não apareceriam para dizer onde Jesus estava, ficou com raiva e ordenou que matassem todos os meninos com menos de 2 anos de idade.

Então, à noite, José sonhou com um anjo do Senhor, que dizia:

— Pegue o menino e Maria e fujam para o Egito, pois o rei quer matar o garoto.

José levantou-se no meio da noite e partiu para o Egito. Eles ficaram lá até o anjo aparecer de novo no sonho de José, avisando que sua família podia partir, pois Herodes havia morrido.

107 JESUS É APRESENTADO NO TEMPLO
LUCAS 2, 22-32

Naquela época, era costume levar as crianças que nasciam para serem apresentadas no templo. Chegou o dia de Maria e José fazerem isso com Jesus. Simeão, um homem que dedicava sua vida a Deus, sempre dizia que não poderia morrer sem antes ver o Messias prometido. Ele foi ao templo no mesmo dia que José e Maria. Quando os pais apresentaram Jesus ao Senhor, Simeão pegou a criança nos braços e deu glória a Deus por poder ver o Salvador do povo de Israel.

108 O MENINO JESUS E OS MESTRES DA LEI
LUCAS 2, 41-52

Ao completar 12 anos, Jesus foi com seus pais até Jerusalém, para a festa de Páscoa. Quando a festa acabou, todos partiram, mas Jesus ficou em Jerusalém sem que José e Maria percebessem. Eles pensaram que Jesus estivesse com algum outro grupo de pessoas e o procuraram pelo caminho, porém, não o encontraram. Então, voltaram a Jerusalém e encontraram Jesus no templo, ouvindo e fazendo perguntas aos mestres da lei. Maria disse:

– Meu filho, por que você fez isso? Eu e seu pai estávamos preocupados à sua procura.

Jesus respondeu:

– Por que estavam me procurando? Vocês não sabiam que eu estava na casa de meu Pai? Após isso, Jesus e seus pais voltaram para Jerusalém.

109 A MENSAGEM DE JOÃO BATISTA
JOÃO 1, 19-28

João Batista estava em Jerusalém, no povoado de Betânia, e alguns líderes perguntaram a ele:

– Quem é você, o Messias?

João respondeu:

– Eu não sou quem vocês pensam.

Os líderes insistiram:

– Você é um profeta?

João novamente negou, e os líderes perguntaram a ele:

– Se você não é o Salvador, por que batiza as pessoas?

João respondeu:

– Realmente eu as batizo, mas depois de mim virá outra pessoa com poder e glória. Eu não posso ser comparado a Ele.

Quando disse isso, João estava se referindo a Jesus, o Messias.

110 O BATISMO DE JESUS
MATEUS 3, 13-17

Jesus estava nos arredores do Rio Jordão e pediu a João Batista que o batizasse. João disse:

– Eu é que preciso ser batizado por você!

Jesus respondeu:

– Deixe que seja assim agora, pois é a vontade de Deus.

João batizou Jesus no Rio Jordão e, no mesmo instante, surgiu uma voz do céu, que disse:

– Esse é o meu filho amado, que me dá muita alegria.

III OS PRIMEIROS DISCÍPULOS DE JESUS
JOÃO I, 35-42

João Batista conversava com dois de seus discípulos, quando viu Jesus passar e disse:

– Aí está o Cordeiro de Deus!

Eles entenderam que aquele homem era Jesus, o Messias, e o seguiram.

André, que era um dos dois discípulos, quando encontrou Simão Pedro, seu irmão, chamou-o para ir até onde estava o Messias.

Quando chegaram, Jesus olhou para Simão e disse que ele era filho de Jonas, mas seu nome seria Cefas (o mesmo que Pedro, que significa "pedra").

Esses foram os primeiros discípulos de Jesus.

II2 JESUS CHAMA FILIPE E NATANAEL
JOÃO I, 43-50

Antes de partir para a Galileia, Jesus encontrou Filipe e o convidou para segui-lo. Então, Filipe foi contar a Natanael sobre o convite.

Quando chegaram, Jesus aproximou-se e disse que, antes de Natanael chegar, Ele o vira debaixo da figueira. Admirado, Natanael disse que Jesus era realmente o Filho de Deus.

– Se você acreditou em mim só porque eu disse que o vi debaixo da figueira, ainda verá muitas outras coisas – Jesus falou.

JESUS VAI A UM CASAMENTO
JOÃO 2, 1-12

No povoado de Caná, na Galileia, Jesus, Maria e os discípulos participavam de uma festa de casamento. A mãe de Jesus disse-lhe que o vinho havia acabado, mas Ele respondeu que ainda não tinha chegado a sua hora.

Jesus pediu aos empregados que enchessem seis potes com água e os levassem ao mestre-sala.

O mestre-sala provou a água, e ela havia sido transformada em um vinho muito bom! Esse foi o primeiro milagre de Jesus.

A GRANDE PESCA
LUCAS 5, 1-11

Um dia, Jesus estava pregando a Palavra de Deus próximo ao Lago de Genesaré. Ele viu dois barcos vazios perto da praia e os pescadores lavando as redes. Jesus entrou em um dos barcos, afastou-se da praia e começou a pregar de lá. Ao terminar, disse a Simão:

– Levem o barco ao mar alto e joguem as redes para pescar.

Simão respondeu:

– Mestre, trabalhamos a noite toda e não pescamos nada! Mas, se o Senhor ordena, eu obedeço.

Quando jogaram as redes, pegaram tanto peixe que precisaram da ajuda do outro barco.

Simão Pedro ajoelhou-se diante de Jesus e disse:

– Afaste-se de mim, Senhor, pois sou um pecador!

Jesus respondeu:

– Não tenha medo. De agora em diante, você será pescador de pessoas.

115 JESUS E MATEUS
MATEUS 9, 9-13; MARCOS 2, 13-17; LUCAS 5, 27-32

Um dia, Jesus encontrou Mateus, um cobrador de impostos também conhecido como Levi. Jesus chamou Mateus para segui-lo, e o homem atendeu ao chamado. À noite, enquanto Jesus e os discípulos jantavam com outros cobradores de impostos, alguns fariseus perguntaram ao Senhor por quê Ele comia com pessoas de má fama.

Jesus respondeu:

– Porque eu não vim chamar os justos, mas os pecadores ao arrependimento.

116 OS APÓSTOLOS DE JESUS
MATEUS 10, 1-14; MARCOS 6, 7-13; LUCAS 9, 1-6

Jesus chamou seus 12 discípulos, aos quais deu o nome de apóstolos: Pedro e seu irmão, André; Tiago; João; Filipe; Bartolomeu; Mateus; Tiago; Tomé; Tadeu; Simão e Judas Iscariotes, que foi seu traidor. Jesus os enviou para que cumprissem a missão de anunciar o Evangelho e o Reino de Deus, assim, muitos poderiam ser salvos. Jesus deu a eles poderes para curar os doentes.

Então, os discípulos foram a vários povoados anunciar o Evangelho e realizar curas.

117 O SERMÃO DA MONTANHA
MATEUS 5, 1-12

Jesus subiu em um monte e disse:

– Felizes são os pobres de espírito, porque é deles o Reino dos Céus; são os que choram, porque Deus será o consolo; são os humildes, pois Deus dará o prometido; são aqueles que fazem a vontade de Deus; são os piedosos, pois Deus terá piedade deles também; são aqueles que têm o coração sincero, pois eles verão Deus; são os que buscam a paz, pois Deus vai tratá-los como filhos; são os perseguidos pela causa de Deus, pois deles será o Reino dos Céus; são os insultados por seguirem a Deus. Fiquem felizes, pois há uma boa recompensa para vocês no céu.

118 AMAR OS INIMIGOS
MATEUS 5, 43-48

Jesus ensinava às pessoas:

– Vocês já ouviram: "Ame somente seus amigos e odeie seus inimigos". Pois eu digo a vocês: amem seus amigos e amem também seus inimigos, pois Deus manda o Sol e a chuva tanto para as pessoas boas, quanto para as más. Quem ama somente os amigos não faz nada de grandioso. Portanto, façam o bem e amem seus inimigos sem querer receber algo em troca, pois, assim, vocês terão a grande recompensa de Deus.

119 DEUS E AS RIQUEZAS
MATEUS 6, 24-34

Jesus disse:

– Um empregado não poderá servir a dois patrões ao mesmo tempo, pois será fiel a um e desonesto ao outro. Da mesma maneira, o homem também não pode servir a Deus e ao dinheiro.

Jesus continuou:

– Não se preocupem tanto com roupas, sapatos, comida e bebida, pois a vida é muito mais importante. Os passarinhos não guardam comida, mas Deus dá comida a eles. Deus sabe de tudo o que as pessoas precisam e dará conforme a necessidade de cada um.

120 JESUS CURA UM EMPREGADO
MATEUS 8, 5-13

Quando Jesus chegou à cidade de Cafarnaum, um oficial romano o procurou e disse:

– Senhor, o meu servo está em minha casa muito doente, quase morto.

Jesus disse:

– Vamos até sua casa. Eu vou curá-lo.

O oficial respondeu:

– Não sou digno de sua presença em minha casa, mas, se o Senhor disser apenas uma palavra, ele ficará curado. Ao ouvir isso, Jesus disse para a multidão:

– Nunca vi tanta fé, nem entre o povo de Israel.

Então, Jesus mandou o oficial para casa, pois o seu empregado já estava curado.

121 A TEMPESTADE
MATEUS 8, 23-27

Certo dia, os discípulos navegavam em um barco. Jesus estava com eles, dormindo. Tudo parecia tranquilo, mas, de repente, um vento muito forte soprou, derrubando tudo. Os discípulos ficaram com muito medo e pediram socorro a Jesus.

Então, Ele pediu ao vento e às ondas que se acalmassem, e tudo voltou ao normal.
Os discípulos ficaram admirados e perguntaram-se quem era aquele homem a quem até o mar e o vento obedeciam.

122 O PARALÍTICO DE CAFARNAUM
MATEUS 9, 1-8

Jesus falava sobre a salvação em uma casa em Cafarnaum, quando algumas pessoas levaram um homem paralítico em uma cama. Como a casa estava muito cheia, os homens não conseguiram entrar com o amigo pela porta. Então, tiveram a ideia de entrar pelo telhado. Ao ver isso, Jesus soube que aqueles homens tinham fé e disse ao paralítico:

– Meu amigo, todos os seus pecados estão perdoados. Levante-se e ande!

O homem levantou-se, andou e foi para casa, louvando e agradecendo a Deus pelo milagre.

123 O PEDIDO DE JAIRO
MARCOS 5, 21–24

Jairo morava na Galileia e era chefe da sinagoga. Ele estava muito triste, porque sua filha tinha uma doença muito grave e estava morrendo.

Ao saber que Jesus estava na cidade, foi ao seu encontro e pediu-lhe de joelhos:

– Minha filha está muito doente. Vamos até a minha casa para que o Senhor possa curá-la.

Muito compadecido, Jesus atendeu ao pedido de Jairo.

124 JESUS E A FILHA DE JAIRO
MARCOS 5, 35–43

Jesus e Jairo ainda estavam a caminho quando um dos empregados os alcançou e disse que a menina já havia morrido.

Quando Jesus chegou à casa de Jairo, todos choravam, porque não existia mais solução. Ele disse:

– Não chorem, pois a garota não está morta, apenas dormindo.

Ao ouvirem essas palavras, as pessoas riram, mas Jesus, segurando a mão da menina, disse:

– Levante-se!

No mesmo instante, a menina voltou à vida.

125   JESUS E O HOMEM DA MÃO ALEIJADA
MATEUS 12, 9-14

Era sábado, dia considerado santo pelos judeus, e Jesus ensinava na sinagoga. Perto dali, havia um homem que tinha uma mão aleijada. Algumas pessoas que estavam por lá disseram:

– Não é permitido curar aos sábados.

Jesus respondeu:

– Se você tiver uma ovelha e, justamente no sábado, ela cair em um buraco, certamente você vai ajudá-la. Portanto, a lei permite ajudar o próximo aos sábados.

E Jesus curou o homem. Os fariseus que ali estavam foram embora furiosos, fazendo planos contra Jesus.

126   UM HOMEM SURDO É CURADO
MARCOS 7, 31-37

Jesus estava perto da cidade de Tiro e resolveu partir para a Galileia. Ao chegar, vieram algumas pessoas com um homem surdo e que quase não falava, e pediram a Jesus que o curasse. Jesus teve piedade do homem e, por isso, afastou-o da multidão que o cercava. Em seguida, Ele colocou os dedos nos ouvidos do homem, e passou sua saliva na língua dele. Depois, disse:

– Abra-se!

E o homem começou a escutar e a falar com facilidade.

127 JESUS NA CASA DE SIMÃO, O FARISEU
LUCAS 7, 36-50

Enquanto Jesus jantava na casa de Simão, o fariseu, uma mulher chegou aos pés do Senhor, lavou-os com suas lágrimas e secou-os com seus cabelos.

O fariseu duvidou de Jesus, pensando que, se fosse o Messias, saberia da má fama daquela mulher.

Então, Jesus contou a história de um homem que perdoou a dívida de duas pessoas, uma lhe devia 50 moedas e a outra, 500. Depois, perguntou a Simão qual dos devedores seria mais agradecido, e o fariseu respondeu que seria aquele que tinha a maior dívida.

Ao ouvir isso, Jesus virou-se para a mulher e disse-lhe:

– Vá em paz, pois seus pecados estão perdoados. A sua fé a salvou.

128 O SEMEADOR
MATEUS 13, 1-9; MARCOS 4, 1-9; LUCAS 8, 4-8

Jesus contou esta parábola:

– Um homem saiu para semear e deixou cair algumas sementes na estrada. Elas não cresceram, pois as aves as comeram. Outra parte das sementes caiu entre as pedras e logo cresceram, mas morreram, pois não havia terra suficiente e o Sol as queimou, por não terem raízes. Algumas sementes caíram entre espinhos e, quando cresceram, eles as sufocaram. Por fim, as sementes caíram em uma terra boa e produziram muitos grãos.

129 JESUS EXPLICA A PARÁBOLA DO SEMEADOR
MATEUS 13, 18-23; MARCOS 4, 13-20; LUCAS 8, 11-18

Depois de contar a história, Jesus explicou que semeador é toda pessoa que anuncia a Palavra de Deus:

– Há pessoas que ouvem, mas logo esquecem. Outras ouvem a Palavra de Deus, mas algum tempo depois deixam de lado a sua mensagem. Também existem pessoas que escutam a Palavra de Deus, mas assim que surgem as preocupações da vida deixam seus ensinamentos de lado. Felizes as pessoas que são como sementes plantadas em terra boa, porque essas escutam e aceitam a mensagem de Deus e, por isso, dão e colhem bons frutos.

130 A MORTE DE JOÃO BATISTA
MATEUS 14, 1-12; MARCOS 6, 14-29; LUCAS 9, 7-9

João Batista estava preso, a mando de Herodes, pois não havia concordado com o casamento do governador com Herodias, a esposa de seu irmão.

Em uma festa, a filha de Herodias dançou e agradou a Herodes, que disse à moça para pedir o que quisesse e ele lhe daria. Ela consultou sua mãe e disse que queria a cabeça de João Batista, o que foi feito.

Quando os discípulos de João Batista souberam do acontecido, sepultaram o seu corpo e foram contar a Jesus.

131 — UMA MULTIDÃO É ALIMENTADA
MATEUS 14, 13-21

Quando Jesus soube da morte de João Batista, foi de barco para um lugar deserto, mas o povo o seguiu por terra. Ao anoitecer, as pessoas estavam começando a ficar com fome, mas lá só havia cinco pães e dois peixes para eles comerem.

Então, Jesus pegou o alimento, agradeceu a Deus e o distribuiu. Todos ficaram satisfeitos, e ainda sobraram 12 cestos com pães e peixes.

132 — JESUS ANDA SOBRE A ÁGUA
MATEUS 14, 22-33

Jesus ordenou aos discípulos que atravessassem de barco o Mar da Galileia até Betsaida. Sozinho, Ele foi para um monte orar e ficou ali até a noite. Os discípulos já estavam longe, quando um vento muito forte soprou. Jesus foi ao barco andando sobre as águas do mar. Ao verem aquilo, os discípulos se assustaram,mas Jesus disse para eles não temerem.

Pedro duvidou e disse que, se Ele era mesmo Jesus, que o fizesse andar sobre as águas. Então, Pedro saiu do barco e foi ao encontro de Jesus andando sobre as águas, mas sentiu medo e afundou. Estendendo a mão para salvá-lo, Jesus disse a Pedro que sua fé era pequena. Depois disso, eles retornaram ao barco e tudo voltou ao normal.

133 A OVELHA PERDIDA
LUCAS 15, 1-7

Certa vez, Jesus contou esta história:

— Se vocês tiverem 100 ovelhas e uma, apenas uma, perder-se do rebanho, por acaso vocês não vão procurá-la, deixando as outras 99 no campo? Eu digo a vocês que aquele que sai e deixa no campo suas 99 ovelhas para procurar a que se perdeu, quando a encontra, volta com ela nos ombros e, muito feliz, anuncia aos amigos que encontrou a sua ovelha perdida. Assim, também haverá muita alegria no céu quando uma pessoa arrepender-se de seus pecados.

134 JESUS ABENÇOA AS CRIANÇAS
MATEUS 19, 13-15; MARCOS 10, 13-16; LUCAS 18, 15-17

Muitos pais levavam seus filhos para serem abençoados por Jesus, porém os discípulos não deixavam que as crianças chegassem perto d'Ele. Jesus ficou bravo com isso e disse aos discípulos:

— Deixem que as crianças venham a mim, pois é delas o Reino de Deus. Quem não for como elas não poderá entrar nele!

Jesus pegava as crianças no colo e abençoava-as com amor e carinho.

135 O BOM SAMARITANO
LUCAS 10, 25–37

Certa vez, Jesus contou uma história a um mestre da lei. Um homem que ia de Jerusalém a Jericó foi assaltado e abandonado na estrada quase morto. Um sacerdote passava pelo lugar e, ao ver o homem,

atravessou para o outro lado da estrada, fingindo nada ver. Um levita fez o mesmo. Pouco depois, um samaritano passou por ali. Ele não se dava bem com os judeus por divergências de costume e religião. Mas quando viu o homem, limpou suas feridas e levou-o a uma pensão.

Jesus perguntou ao mestre da lei qual dos três homens foi o próximo do moço assaltado. Ele respondeu que foi o samaritano. Então, Jesus disse para ele fazer o mesmo com o seu próximo.

136 JESUS ENSINA A ORAR
LUCAS 11, 1–4

Certo dia, quando Jesus orava, os discípulos disseram:

– Ensine-nos a orar como você.

Então, Jesus disse:

– Quando vocês quiserem falar com Deus, digam: "Pai, santificado seja o Teu nome, venha o Teu reino. Dá-nos cada dia o nosso pão cotidiano. E perdoa-nos os nossos pecados, pois também nós perdoamos a qualquer que nos deve. E não nos conduzas em tentação, mas livra-nos do mal".

137   A HUMILDADE E A HOSPITALIDADE
LUCAS 14, 7–11

Certo dia, Jesus observou como os convidados escolhiam os melhores lugares à mesa. Então, contou uma história e fez uma comparação:

– Quando alguém for convidado para um casamento, não deve ser pretensioso e escolher o melhor lugar, pois se alguém importante chegar, terá que dar o lugar a essa pessoa e ficará muito envergonhado. Quando alguém for a uma festa, deve sentar-se no último lugar, assim, será convidado a ir para um lugar melhor. Quem se engrandece será humilhado, e quem se humilha será engrandecido.

138   A PARÁBOLA DO FILHO PERDIDO
LUCAS 15, 11–19

Jesus contou uma parábola. Certa vez, o filho mais novo de um homem rico pediu-lhe sua parte da herança. Quando seu pedido foi

atendido, ele mudou-se para um país bem distante. Lá, estava rodeado de pessoas que só queriam o seu dinheiro. Em pouco tempo, o rapaz gastou todo o dinheiro, e os que diziam ser seus amigos sumiram. Em um tempo de fome naquela terra, ele passou a cuidar de porcos. Um dia, observando os animais comendo, pensou: "Os trabalhadores do meu pai têm comida de sobra, enquanto estou aqui passando fome. Vou voltar para a minha casa e pedir ao meu pai para ser um de seus empregados".

139 O RETORNO DO FILHO PERDIDO
LUCAS 15, 19-32

O jovem pediu ao pai que fosse aceito como um de seus empregados. Então, o pai preparou uma grande festa.

Quando chegou do campo, o filho mais velho questionou sobre o motivo da comemoração. Ele disse ao pai que sempre estivera ao seu lado, mas nunca ganhara nada, enquanto seu irmão havia partido e desperdiçado o dinheiro da sua herança. O pai respondeu-lhe que era necessário comemorar a volta do irmão, pois ele havia se perdido e, agora, tinha se encontrado.

140 OS DEZ LEPROSOS
LUCAS 17, 11-19

Jesus estava a caminho de Jerusalém, quando dez homens leprosos foram ao seu encontro e pediram pela cura. Jesus disse para eles

encontrarem os sacerdotes, a fim de serem examinados.

Enquanto estavam a caminho, todos foram curados. Apenas um deles voltou para agradecer a Jesus pela cura da enfermidade.

Jesus perguntou:

– Não eram dez os que foram curados? Onde estão os outros?

E, antes que ele respondesse, Jesus disse :

– Levante-se e vá para casa, pois sua fé o salvou!

141 A SALVAÇÃO DE ZAQUEU
LUCAS 19, 1-10

Zaqueu era um dos chefes dos cobradores de impostos. Jesus estava passando, e Zaqueu queria muito vê-lo, porém uma multidão cercava o Senhor.

Então, ele subiu em uma árvore para observar Jesus, que, quando passou, disse para Zaqueu descer, pois iria à casa dele. O homem disse a Jesus que repartiria com os pobres a metade de seus bens e devolveria quatro vezes mais às pessoas que roubou.

Jesus respondeu com muita alegria:

– Hoje, nesta casa, entrou a salvação.

142 JESUS E A MULHER SAMARITANA
JOÃO 4, 1-42

Certo dia, Jesus foi descansar ao lado do Poço de Jacó. Então, chegou uma mulher samaritana para pegar água, e Jesus pediu um pouco a ela.

Sem saber que o homem era Jesus, a mulher perguntou porque Ele lhe pedia água, sendo ela samaritana e Ele, judeu. Jesus respondeu que, se ela soubesse quem estava lhe pedindo água, daria, e nunca mais sentiria sede, pois seria a água da vida.

A mulher percebeu que estava falando com o Messias e correu para contar às pessoas.

143 A MULHER ADÚLTERA
JOÃO 8, 1-11

Jesus estava no pátio do templo pregando para uma multidão. Enquanto Ele falava, chegaram alguns fariseus e mestres da lei com uma mulher que havia enganado o marido e, por meio dela, tentaram acusar Jesus de alguma forma. Naquele tempo, as mulheres que enganavam os maridos eram apedrejadas. Então, os fariseus disseram a Jesus que aquela mulher era uma pecadora.

Jesus começou a escrever com o dedo na terra e depois disse que quem ali não tivesse nenhum pecado, que atirasse a primeira pedra.

Todos foram saindo, até que só restaram Jesus e a mulher. Então, Ele disse para a mulher ir embora e não pecar mais.

144 A CURA DE UM CEGO DE NASCENÇA
JOÃO 9, 1-12

Em um sábado, Jesus e os discípulos avistaram um homem que era cego desde o nascimento. Os discípulos, muito curiosos, questionaram Jesus:

— Senhor, quem é culpado por isso, este homem ou os pais dele?

Jesus respondeu que não havia um culpado, pois Deus sabia o que estava fazendo. Em seguida, fez uma lama com terra e saliva, passou-a nos olhos do cego e disse para ele ir até o tanque de Siloé e lavar o rosto.

O homem fez o que Jesus disse e, quando lavou o rosto, passou a enxergar.

145 A MORTE DE LÁZARO
JOÃO 11, 1-16

Lázaro morava em um povoado de Betânia com suas duas irmãs, Maria e Marta, e estava muito doente. Jesus estava em outro lugar quando recebeu uma mensagem informando-o sobre a doença do amigo, mas sabia dos planos de Deus. Ele gostava muito dos três irmãos, mas, ainda assim, ficou mais dois dias onde estava. Depois, disse aos discípulos que precisava ir à Judeia.

Muito admirados, os discípulos o questionaram por isso, pois o povo daquela cidade já quis matá-lo.

Então, Jesus respondeu que Lázaro tinha morrido, mas, assim, o povo conheceria o poder de Deus e creria n'Ele.

146 LÁZARO VOLTA A VIVER
JOÃO 11, 17-45

Muitas pessoas foram à casa de Lázaro para consolar Maria e Marta. Ao encontrar Jesus, Marta disse:

– O meu irmão morreu, mas se o Senhor estivesse aqui, isso não teria acontecido.

– Ele vai ressuscitar, pois sou a ressurreição e a vida. Quem crê em mim, ainda que morra, viverá. Você crê nisso?

Marta respondeu que sim. Então, Jesus perguntou onde haviam sepultado Lázaro e, quando lhe mostraram, ordenou:

– Lázaro, venha para fora!

Lázaro havia ressuscitado. Todos se maravilharam e muitos começaram a crer em Jesus.

147 JESUS ENTRA EM JERUSALÉM
MATEUS 21, 1-11

Quando Jesus estava chegando a Jerusalém, Ele chamou dois discípulos e disse:

– Vão até o povoado de Betfagé, pois lá vocês encontrarão uma jumenta e o seu jumentinho. Tragam os dois para mim. Se alguém perguntar alguma coisa, respondam que é para o Mestre.

Ao chegarem, os discípulos ajudaram Jesus a montar no jumentinho. Quando a multidão o viu, espalhou galhos de árvores pelo caminho; as pessoas também estendiam suas roupas e aclamavam Jesus.

148 JESUS NO TEMPLO
MATEUS 21, 12-15; MARCOS 11, 15-18; LUCAS 19, 45-48

Quando Jesus e os discípulos chegaram a Jerusalém, Ele resolveu ir até o templo. Ao entrar no pátio, viu um grande comércio: pessoas vendendo, comprando e trocando dinheiro. Jesus expulsou-as, derrubou mesas e cadeiras e disse que a casa do Pai era casa de oração e que eles a estavam transformando em esconderijo de ladrões.

Quando ouviram isso, os mestres da lei e os chefes dos sacerdotes tiveram mais raiva de Jesus.

149 JUDAS TRAI JESUS
MATEUS 26, 14-16

Muitas pessoas não gostavam de Jesus e nem acreditavam n'Ele, por isso queriam encontrar um motivo para acusá-lo. Essas pessoas puderam contar com Judas Iscariotes, um dos discípulos de Jesus. Ele foi ao encontro dos chefes dos sacerdotes para combinar como trairia Jesus.

Ficou acertado que Judas entregaria Jesus e receberia 30 moedas de prata.

150 JESUS LAVA OS PÉS DOS DISCÍPULOS
JOÃO 13, 1-17

Jesus estava com seus discípulos e levantou-se da mesa, pegou uma toalha e uma bacia e começou a lavar os pés dos doze, que ficaram admirados. Quando chegou a vez de Pedro, ele disse:

– Não posso dar os meus pés para meu Mestre lavar.

E Jesus respondeu:

– Se eu não lavar os seus pés, você não poderá ser meu seguidor.

Então, Pedro permitiu. Ao terminar de lavar os pés dos discípulos, Jesus disse:

– Vocês me chamam de Senhor e Mestre, e eu realmente sou. Eu dei o exemplo para que vocês façam o mesmo.

COMEMORAÇÃO DA PÁSCOA
MATEUS 26, 17-30; MARCOS 14, 12-24; LUCAS 22, 7-20

Durante a ceia de Páscoa, Jesus anunciou que um de seus discípulos o trairia. Admirados, eles começaram a se perguntar quem seria.

Naquele instante, Judas questionou:

– Senhor, sou eu?

– É você que está dizendo – disse Jesus. Em seguida, abençoou o pão e disse: – Comam, pois isso é o meu corpo.

Por fim, agradeceu a Deus pelo cálice de vinho e falou:

– Bebam, pois isto é o meu sangue, derramado em favor de muitos.

NO JARDIM DO GETSÊMANI
MATEUS 26, 36-46

Depois da ceia de Páscoa, Jesus e os discípulos foram orar em um lugar chamado Getsêmani.

Quando chegaram, Jesus disse aos discípulos que ficassem orando, pois Ele ia mais adiante orar também. Os discípulos adormeceram. Quando voltou, Jesus pediu a todos para acordarem e orarem mais uma vez, e de novo eles dormiram. Quando retornou, Jesus disse:

– Acordem! O traidor está chegando.

153 A PRISÃO DE JESUS
MATEUS 26, 47-56

Enquanto Jesus ainda conversava com os discípulos, surgiu uma multidão de pessoas, entre elas, Judas. Ele já havia combinado que beijaria Jesus para que soubessem quem deveria ser preso. E assim o fez.

Então, os soldados enviados pelos sacerdotes e líderes prenderam Jesus, que disse aos apóstolos:

- Tudo está acontecendo para cumprir a vontade de Deus.

Ouvindo isso, os discípulos foram embora, deixando Jesus sozinho.

154 A MORTE DE JUDAS
MATEUS 27, 3-5

Quando Judas percebeu que Jesus havia sido condenado, sentiu-se muito culpado e foi até os líderes dos sacerdotes para devolver as 30 moedas de prata. Ao chegar, disse:

– Eu pequei ajudando a condenar um homem inocente.

Os líderes responderam:

– O que temos a ver com isso?

Judas jogou as moedas que havia recebido e foi embora. Pouco depois, ele tirou a própria vida.

155 JESUS DIANTE DE PILATOS
MATEUS 27, 11-14

Quando amanheceu, os chefes dos sacerdotes e mestres da lei levaram Jesus até Pilatos, o governador, que perguntou:

– Você é o rei dos judeus?

Jesus respondeu:

– É o senhor que diz isso!

Os sacerdotes o acusaram e disseram

– Este homem engana todo o povo afirmando que as pessoas não devem pagar impostos e que Ele é o Filho de Deus.

Depois de ouvir os sacerdotes, Pilat questionou Jesus mais uma vez, que permaneceu calado.

156 A CONDENAÇÃO DE JESUS
MATEUS 27, 15-26

Na Páscoa, era costume libertar um prisioneiro, então Pilatos perguntou ao povo se deveria libertar Jesus ou o assassino Barrabás. A multidão escolheu Barrabás.

– Mas qual o crime que Ele cometeu? – Pilatos ainda perguntou, porém o povo apenas gritava cada vez mais alto:

– Crucifique-o! Crucifique-o!

Assim, Pilatos lavou suas mãos diante da multidão, mostrando que aquilo não era a sua vontade, mas a do povo. Em seguida, soltou o bandido Barrabás e mandou crucificar Jesus.

OS SOLDADOS ZOMBAM DE JESUS
MATEUS 27, 27-30

Após a sentença, Pilatos mandou açoitear Jesus. Os soldados fizeram uma coroa cheia de espinhos e colocaram em sua cabeça.

Depois, puseram uma capa vermelha em Jesus e zombaram, gritando:

– Viva o rei!

Bateram na cabeça de Jesus, cuspiram nele e ajoelharam-se, fingindo que o adoravam. Depois, tiraram a sua capa vermelha, vestiram-no com outras roupas e o levaram para ser crucificado.

A CRUCIFICAÇÃO
MATEUS 27, 32-44; LUCAS 23, 33-43

Já no calvário, lugar em que as pessoas eram crucificadas, os soldados colocaram Jesus na cruz. Na parte de cima da cruz, eles escreveram as iniciais latinas INRI, que significam: "Jesus Nazareno, o rei dos judeus".

Dois criminosos foram crucificados também. Um deles disse que Jesus deveria salvar a si mesmo e a eles, enquanto o outro pediu piedade. A este, o Senhor disse:

– Ainda hoje você estará comigo no Paraíso.

159 A MORTE DE JESUS
MATEUS 27, 45-56

Era aproximadamente meio-dia, e Jesus sofria. De repente, começou a escurecer, e ficou assim até as três horas da tarde. Nesse momento, Jesus gritou bem alto:

— Pai, entrego o meu espírito nas Tuas mãos!

Depois dessas palavras, Jesus morreu. A cortina do templo se rasgou em dois pedaços, de cima a baixo.

Quando viu aquilo, um soldado que estava próximo de Jesus disse, admirado:

— Realmente esse homem era o Filho de Deus.

160 O SEPULTAMENTO DE JESUS
MATEUS 27, 57-61

Já era noite quando José, um seguidor de Jesus, foi até o governador Pilatos pedir o corpo do Senhor para sepultá-lo. O governador concedeu o pedido.

José retirou o corpo de Jesus da cruz, envolveu-o em um lençol de linho, colocou-o em um túmulo aberto em uma rocha e depois fechou a abertura com uma grande pedra. Quando terminou, ele foi embora, pois era sexta-feira e estava para começar o sábado, dia do descanso.

Maria, mãe de Tiago e de José, e Maria Madalena, que haviam assistido à crucificação, acompanharam o sepultamento, com outras mulheres.

161 A RESSURREIÇÃO DE JESUS
MATEUS 28, 1-10

Maria e Maria Madalena foram até o local onde o corpo de Jesus estava. Ao chegarem, elas viram que a pedra colocada para fechar o túmulo tinha sido removida. Havia um anjo sentado sobre a pedra, que disse:

– Por que vocês procuram entre os mortos aquele que está vivo? Jesus ressuscitou! Vão para a Galileia, pois lá vocês encontrarão Cristo ressuscitado.

No caminho, Jesus apareceu para as mulheres, que ficaram muito felizes e o abraçaram e adoraram.

162 NO CAMINHO DE EMAÚS
LUCAS 24, 13-35

No dia em que Jesus ressuscitou, dois discípulos estavam a caminho de Emaús, povoado próximo a Jerusalém. Enquanto conversavam a respeito dos últimos acontecimentos, Jesus apareceu e começou a caminhar junto deles. Eles não o reconheceram.

Já próximos do povoado de Emaús, os dois discípulos insistiram para que Jesus ficasse por lá, pois era muito tarde para seguir viagem. Quando estavam à mesa para comer, Jesus pegou o pão, agradeceu, partiu-o e deu a eles. Naquele momento, eles perceberam que aquele homem era Jesus, mas Ele logo desapareceu. Os dois discípulos ficaram felizes e foram a Jerusalém contar que o Senhor realmente havia ressuscitado!

163 — JESUS APARECE AOS DISCÍPULOS
JOÃO 20, 19-22

No mesmo dia em que Jesus ressuscitou, os discípulos estavam reunidos de portas trancadas com medo dos líderes judeus. Então, Ele apareceu, ficou no meio deles e disse:

– Que a paz esteja com todos vocês.

Em seguida, mostrou-lhes suas mãos e seu lado e disse mais uma vez:

– Que todos vocês estejam em paz. Assim como o Pai me enviou, eu também envio vocês. Recebam o Espírito Santo.

164 — A APARIÇÃO DE JESUS A TOMÉ
JOÃO 20, 24-29

Quando Jesus apareceu aos discípulos, Tomé não estava junto, mas eles lhe contaram sobre a visita de Jesus. Então, Tomé disse que só acreditaria vendo.

Depois de uma semana, todos os discípulos reuniram-se novamente. Quando menos esperavam, Jesus apareceu e disse a Tomé para olhar com seus próprios olhos as marcas dos pregos em suas mãos e tocar suas feridas.

Então, Jesus falou:

– Felizes são as pessoas que não viram, mas acreditaram.

 ## A SUBIDA DE JESUS AO CÉU
LUCAS 24, 50-53

Depois que Jesus se reuniu com os discípulos, Ele os levou a um lugar chamado Betânia. Lá, abençoou-os e, em seguida, subiu aos céus. Uma nuvem cobriu Jesus, e eles não o viram mais. Enquanto olhavam, dois homens apareceram e disseram:

– Por que vocês estão olhando para o céu? Esse Jesus que subiu ao céu virá novamente da mesma maneira.

 ## A VINDA DO ESPÍRITO SANTO
ATOS 2, 1-47

Era o dia de Pentecostes, e os discípulos estavam reunidos. De repente, eles ouviram um barulho muito forte, como o de uma ventania, que preencheu a casa toda. Em seguida, apareceram chamas de fogo na cabeça de cada um dos discípulos. Era o Espírito Santo, e todos começaram a falar sobre as maravilhas de Deus em diversas línguas.

O Espírito Santo encheu Pedro de coragem, e ele começou a contar as maravilhas que Jesus tinha feito na Terra. Pedro também disse que Jesus queria que as pessoas acreditassem n'Ele e se arrependessem das coisas erradas. Muitos acreditaram e passaram a seguir Cristo.

167 A CURA DE UM COXO
ATOS 3, 1-10

Certo dia, os discípulos Pedro e João estavam a caminho do templo quando um homem coxo pediu esmola a eles. Então, Pedro respondeu:

– Não temos dinheiro, mas lhe darei o que tenho. Em nome de Jesus Cristo, eu lhe digo:

– Levante-se e ande!

Pedro ajudou o homem, que começou a andar e a dar pulos de alegria. Muitas pessoas viram o que tinha acontecido e ficaram admiradas.

168 MILAGRES E MARAVILHAS
ATOS 5, 12-16

Os discípulos também curavam muitos doentes. Essa era uma forma de provar que Jesus era o Salvador e amava as pessoas. Muita gente atraída pela cura não tinha coragem de fazer parte do grupo de seguidores de Cristo, mas sempre falava bem dos discípulos. Com isso, o número dos que tinham fé em Jesus aumentava.

Por causa dos diversos milagres, algumas pessoas deixavam seus parentes e amigos nas ruas com a esperança de que Pedro aparecesse para curá-los. Outras vinham de cidades e povoados próximos para conseguir a cura, e todas saravam, graças ao poder que Jesus deixara aos seus discípulos.

169 OS APÓSTOLOS SÃO PERSEGUIDOS
ATOS 5, 17-42

Certo dia, os sacerdotes prenderam os discípulos. À noite, um anjo do Senhor os libertou e disse para eles irem ao templo pregar a Palavra de Deus. Ao amanhecer, as autoridades mandaram buscar os presos, mas não havia ninguém lá. Os chefes dos sacerdotes ficaram espantados, e um deles disse que os discípulos estavam no templo pregando ao povo.

Os sacerdotes mandaram buscar os discípulos, que, chegando ao local, foram ameaçados, pois pregavam os ensinamentos de Jesus. Porém, todos os dias, eles continuavam ensinando a Palavra de Deus em todos os lugares.

170 SAULO PERSEGUE A IGREJA
ATOS 8, 1-3

Muitas pessoas que acreditavam em Jesus começaram a ser perseguidas, por isso o povo espalhou-se por várias regiões.

Saulo não acreditava em Jesus e era um dos que perseguiam os cristãos e destruíam os locais onde essas pessoas costumavam se reunir. Ele ia de casa em casa perseguindo homens e mulheres e arrastando-os para a prisão.

171 A CONVERSÃO DE SAULO
ATOS 9, 1-9

Para poder prender mais cristãos, Saulo foi até o grande sacerdote e pediu uma carta que lhe desse poderes. Assim que a conseguiu, foi à região de Damasco. De repente, surgiu no caminho uma luz muito forte do céu.

– Saulo, Saulo... Por que você me persegue?

Saulo perguntou quem estava falando.

– Eu sou Jesus. Levante-se, vá até Damasco e lá saberá o que fazer.

Quando abriu os olhos, Saulo não enxergava mais e precisou de ajuda para chegar a Damasco.

172 SAULO E ANANIAS
ATOS 9, 10-19

Na cidade de Damasco, havia um homem que acreditava em Deus e se chamava Ananias. Ele teve uma visão de Jesus, que disse para ele ir à casa de Judas e procurar por um homem chamado Saulo.

Ananias disse ao Senhor que Saulo perseguia os que acreditavam n'Ele, mas Jesus respondeu que havia escolhido Saulo para anunciar a Palavra de Deus a muitas pessoas.

Assim, Ananias foi até Saulo e, com o poder de Cristo, colocou as mãos sobre os olhos dele e o fez enxergar novamente. Depois disso, Saulo foi batizado.

173 SAULO EM DAMASCO

ATOS 9, 19-25

Depois que Jesus falou com Saulo, ele se arrependeu do que havia feito, acreditou no Senhor e se tornou seu seguidor. Durante o tempo em que permaneceu em Damasco, Saulo anunciou que Jesus era o Filho de Deus.

Muitos não gostaram da mudança de Saulo e resolveram matá-lo. Os portões da cidade passaram a ser vigiados dia e noite. Certa noite, os amigos de Saulo o colocaram em um cesto, desceram-no por um buraco que havia na muralha, e ele pôde sair da cidade a salvo.

174 PRISÃO E LIBERTAÇÃO DE PEDRO

ATOS 12, 1-19

O rei Herodes perseguia os cristãos, e, certo dia, Pedro foi preso. Para não fugir, Pedro ficou amarrado em duas correntes e era vigiado por guardas, pois o rei queria apresentá-lo ao povo.

Enquanto todos dormiam, Deus enviou um anjo, que disse:

– Pedro, acorde e levante-se!

Imediatamente, as correntes abriram-se. Então, Pedro e o anjo saíram dali.

175 PAULO E SILAS SÃO PRESOS
ATOS 16, 16-40

Em Filipos, havia uma jovem que estava com um mau espírito e conseguia adivinhar o futuro das pessoas, fazendo seus senhores ganharem muito dinheiro. Quando Paulo (o outro nome pelo qual chamavam Saulo) e Silas viram isso, curaram a moça, mas assim que os senhores souberam, ficaram com raiva. Então, acusaram os dois de estarem contra a lei. Paulo e Silas foram presos e, à noite, enquanto oravam, o chão da cadeia tremeu, as paredes ficaram abaladas e as correntes que os prendiam se soltaram. O carcereiro sabia sobre os ensinamentos de Paulo e perguntou:

– O que devo fazer para ser salvo?

Paulo respondeu que ele precisava acreditar em Jesus como o seu Salvador.

176 A DEFESA DE PAULO
ATOS 24, 10-27; 25, 1-27; 26, 1-32

Muitas autoridades acusaram Paulo de ser mentiroso e estar causando mal ao povo, e o missionário sempre se defendia com a Palavra de Deus como um forte argumento. Paulo defendeu-se diante do grande sacerdote Ananias, do governador Félix e perante Pórcio de Festo, sucessor de Félix, que, depois de escutar a defesa de Paulo, disse às autoridades que não havia crime contra o acusado. Ele, que era um cidadão romano, pediu que fosse julgado pelo imperador e também se defendeu diante do rei Agripa. Este percebeu que o acusado não tinha cometido nenhum crime para estar preso. Depois disso, Festo enviou Paulo para Roma.

177 A TEMPESTADE NO MAR
ATOS 27, 13-44

Paulo e outros presos foram enviados para a Itália de navio. Durante muitos dias, houve grandes tempestades.

Quando as águas se acalmaram, o navio se aproximou de uma praia e ficou encalhado na areia. Quem sabia nadar pulou na água e foi até a praia, enquanto os outros se agarraram em tábuas.

Depois que todos saíram, uma forte onda destruiu o navio. Mas, graças à bondade de Deus, todos chegaram à ilha em segurança.

178 PAULO EM MALTA
ATOS 28, 1-15

Os sobreviventes foram muito bem recebidos em Malta. Enquanto Paulo pegava gravetos para manter o fogo de uma fogueira aceso, uma cobra picou sua mão. As pessoas ao redor tinham certeza de que Paulo morreria, mas ele lançou o animal na fogueira e não sofreu mal algum. Muitas delas, então, passaram a dizer que Paulo era um deus.

Enquanto esteve em Malta, Paulo orou por muitos enfermos, que foram curados. Depois de receberem dos habitantes tudo o que precisariam para seguir viagem, Paulo e os tripulantes seguiram até Roma.

179 EM ROMA
ATOS 28, 16-31

Quando Paulo chegou a Roma, seus companheiros receberam-no com alegria, e ele ficou feliz e agradecido a Deus. Logo, os prisioneiros foram entregues às autoridades romanas. Paulo conseguiu permissão para alugar uma casa. Ele morou ali enquanto um guarda o vigiava. Ficou em Roma por dois anos e recebia muita gente em casa, anunciando a mensagem de Deus.

Paulo escreveu cartas a várias igrejas e a algumas pessoas: à igreja de Tessalônica, à igreja de Corinto, aos romanos, gálatas, efésios, filipenses, colossenses, ao jovem discípulo Timóteo, a Tito e a Filemom.

180 HINO AO AMOR CRISTÃO
I CORÍNTIOS 13, 1-13

Entre as cartas escritas por Paulo, está uma para a igreja de Corinto, na qual ele fala a respeito do amor cristão.

Na carta, ele dizia que mesmo que falasse várias línguas, as dos homens e as dos anjos, sem o amor, nada adiantaria. Mesmo que tivesse o dom de anunciar a mensagem de Deus, que tivesse o conhecimento e uma fé que movesse até montanhas, sem o amor, nada adiantaria. Ainda que ele distribuísse todos os seus bens e desse a vida em sacrifício, sem o amor, não adiantaria. Isso porque o amor é paciente e bondoso, não é ciumento, nem orgulhoso. Tudo acabará em pouco tempo, mas o amor é eterno. O hino terminou com o trecho: "Existem estas três coisas: a fé, a esperança e o amor, porém, a maior delas é o amor".